viel Spaß beim Lesen und Probieren

KUCHENOASEN

Jörg Bremer

Jörg Bremer ◣ Henning Kreitel ◂ Arthur-Iren Martini

KUCHENOASEN

Berliner Café-KulTour

mitteldeutscher verlag

INHALT

7   Wenn Kaffeeduft und Torte dich verwöhnen
VORWORT VON JÖRG BREMER

17   Junge Mutter aller Berliner Kaffeehäuser
KONDITOREI BUCHWALD

25   Potsdams süße Seite in Steglitz
KONDITOREI RABIEN

31   Nicht näselnd, sondern mit Berliner Schnauze
CAFÉ EINSTEIN STAMMHAUS

39   Von der Leichtigkeit der Käsetorten
PRINCESS CHEESECAKE

46   Genießen und sich dabei sehen lassen
WIENER CONDITOREI CAFFEEHAUS

53   Harrys Tortenzauber im Bergmannkiez
FRAU BEHRENS TORTEN

60   Der »Kuchengott«
CAFÉ MAÎTRE MÜNCH

66   Einer Tortenliebe aller 27 Sinne gewidmet
CAFÉ ANNA BLUME

72   Uneitel, aber köstlich, sowohl süß als auch salzig
KAFFEEHAUS SOWOHLALSAUCH

77   24 Torten gegen einen Streit
BRAVO BRAVKO KUCHENWERKSTATT

82   Im Stachelbeer-Sahne-Himmel
SCHÖNES CAFÉ

88   In der Tradition des untergegangenen Kranzler
REINHARD'S AM KURFÜRSTENDAMM

94   Berlins Wiener Herausforderung
CAFÉ EINSTEIN UNTER DEN LINDEN

101   Gelassen, aber neugierig
CAFÉ IM LITERATURHAUS

108   So schön haben es Berliner selten
TEEHAUS IM ENGLISCHEN GARTEN

115   Die kleine Café-Oase mit Filmruhm
CAFÉ KREDENZ

121   Zwischen Stalin und erfundenen Welten
CAFÉ TASSO

125   An Schokolade berauschen
RAUSCH SCHOKOLADEN-CAFÉ

132   Wien in der Berliner Baustelle
ZIMT & ZUCKER KAFFEEHAUS

137   Den Kaffee atmen
BERLINER KAFFEERÖSTEREI

143   Autoren und Fotograf

WENN KAFFEEDUFT UND TORTE
DICH VERWÖHNEN

Berlin hat ungezählte Cafés. Niemand kann sie alle kennen. Ich sitze fast jeden Morgen bei »moa café & bar« an der Ecke Alt-Moabit und Kirchstraße ganz nah bei unserer Wohnung. Es gibt für mich kaum einen sympathischeren Ort, um nach der mühevoll ersten Arbeit einen guten Cappuccino zum Lachsfrühstück, Spiegelei oder Mohnkuchen zu genießen. Der deutsch-iranische Hausherr, schnell und lässig, umsorgt mit seinen beiden Geschwistern und dem Team die Gäste: Das sind vor allem die Nachbarn in unserem Viertel sowie Mandanten, Rechtsanwälte und Richter von den nahen Gerichten. Hier beginne ich mit dem Vorwort zu diesem Buch über »Kuchenoasen«. Eine Konditorei ist das »moa« allerdings nicht: Hier empfängt nicht das Ambiente eines Kaffeehauses, sondern eben einer Café-Bar. Zwar backt das Team zwei oder drei Topfkuchen; Torten aber kommen von einer Bäckerei in der Nachbarschaft, und so muss das »moa« zwar als meine ganz persönliche Lieblingsbar erwähnt werden, aber sie kann keinen eigenen Beitrag mit Bildern erhalten. Andererseits gibt es in Berlin nicht so viele Konditoreien oder Patisserien, die für ihre eigenen Gäste Torten und Kuchen backen. Im Herzen dieser Millionenstadt sind es vielleicht nicht mehr als zwei Dutzend; und so berichten wir auch über gute Kaffeehäuser. Mithin sollen Konditoreien und Kaffeehäuser in einer unvollständigen, überschaubaren und gänzlich subjektiven Auswahl unser Thema sein. Wir haben nämlich nur die Plätze beschrieben, die uns besonders gut gefallen. Die Qualität der Kuchen war uns dabei wichtig, der Service, das Ambiente oder aber die Originalität der Örtlichkeit. Ansprechend fanden wir Plätze, an denen es kein WLAN gibt, wohl aber Zeitungen vom Tage und eine Kaffeehaus-Stimmung von Gelassenheit und Muße, die die Einladung zum Gespräch mit dem unbekannt Bekannten, den man jeden Tag dort sieht, einschließt: »Haben Sie schon den Leitartikel hier gelesen? Lohnt sich!«

Wir Autoren, Arthur Martini und ich, kennen uns seit Studententagen. Aber erst nach unseren Karrieren irgendwo in der Welt, beschlossen wir, uns regelmäßig in jeweils einer anderen Konditorei für eine Kuchen-Stunde zu treffen. Wir hätten anfangs nie gedacht, dass daraus ein Buch werden würde. Die Idee zur »Café-KulTour« trug erst Verleger Roman Pliske an uns heran. Mein Freund Arthur betritt jedes Café mit den Augen des französischen Connaisseurs, hat er doch ein Gutteil seines Berufslebens – und gerne – in frankophoner Umwelt verbracht: In seiner Erinnerung tragen livrierte Garçons elegante *petit fours* in schicken Pariser oder Brüsseler Cafés zu den Genießern. Ich muss nach zehn Jahren in Rom mit der Spree-Sperrigkeit fertig werden, und habe von Italien den geschickt hantierenden Barista an der Kaffeemaschine vor Augen. Er kennt seine Kunden und weiß ohne Ansage, ob ein Cappuccino ganz heiß sein soll oder von einer Spur von Zimt auf der *schiuma*, dem Schaum verwöhnt.

Unsere regelmäßigen Ausflüge in die Konditoreien waren mithin so etwas wie eine Flucht aus dem schnoddrigen Ber-

liner Alltag in den besonderen Genuss. Von vornherein aber machten wir uns Notizen über die Qualität des Kaffees oder grässlich dicke Tortenböden. Mit dem Auftrag zu diesem Buch wurde der Spaß zum Ernst: Wir mussten die Stadt nach geeigneten Konditoreien absuchen und immer neue Plätze ausprobieren. Diese Suche geriet fast zur Arbeit; auch wenn wir noch immer die Süße des Lebens in den Konditoreien genießen und nun unsere Star-Plätze erobert haben, die uns weiter sehen werden. Der junge Photograph Henning Kreitel hat dabei mit seinen »lyrischen« Augen für die Café-Optik gesorgt, weil er bei unseren Konditoreien durch seine Photographien das jeweils ästhetisch Besondere herauszuschälen versteht.

Wir wussten es – wegen uns selber – schon zuvor. Aber nach so vielen Kaffeehaus-Besuchen können wir nachweisen, dass Konditoreien längst nicht mehr nur Nischen für Damenkränzchen sind. Dann wären diese Orte Geschichte, so wie das berühmte »Kranzler« am Ku'damm oder auch das »Romanische Café« der Künstler an der Gedächtniskirche. Konditoreien sind längst auch »Kuchen-Oasen« für junge Leute, für Alleinstehende sowie für Familien mit ihren Kindern geworden. Der moderne Lebensstil hat eine neue Art Konditorei hervorgebracht: Kuchen sind heute bio und vegan, und es gibt eben nicht mehr nur das Wiener Café mit livrierten Obern, die Frauen-Confiserie, wo Mädels mit Dutt das Kännchen Kaffee servieren, sondern auch die Hipp-Kondis im Prenzlauer Berg oder in Mitte. Dort jonglieren Studenten exzellente Torten zu den Gästen. Schon am Tresen werden die Teeblätter im Sieb in kochendes Wasser gehängt, und der Gast erhält eine »Tee-Uhr« für die etwa fünf Minuten Ziehzeit. Danach kann der Tee munden!

Es macht sich ein neues Qualitätsbewusstsein breit, und statt der platten Kaffeeklatsch-Bitte von Udo Jürgens: »... aber bitte mit Sahne«, wird von den Zutaten wie von Edelsteinen gesprochen, die von Milch und Eiern bis zum Obst von Biohöfen in Brandenburg kommen; und statt mit dem Mehl der Väter wird die Masse gerne nur noch mit edlen Mandeln und Nüssen gebacken. Vielleicht leben manche noch in der Vorstellung, eine Tasse Kaffee müsse ihren vertretbaren Preis und ein Kuchen nicht teurer als zwei Euro sein – aber Kosten sind beim Genießer weniger das Thema als der Kaffeehaus-Spirit. Es geht nicht um Konsum, sondern um Genuss. Torte, Tee und die Ausgestaltung des Cafés sollten eine Harmonie eingehen, bei der Augen, Nase und Ohren gleichermaßen Frieden und Entspannung finden können.

Kaffeehäuser sind mithin Orte der Entschleunigung; Plätze für ein gutes Gespräch oder das Studium eines Buches. WLAN braucht das gute Kaffeehaus nicht, wohl aber sollten dort eben die Tageszeitungen ausliegen. Einsiedler vor ihren Notebooks mit dem längst ausgetrunken Espresso in der Tasse gehören nicht in eine Konditorei, bringen sie doch den Alltag in die eigentlich alltagsfreie Zone; sie sind quasi egoistische Spielverderber.

Wir trafen einen süddeutschen Konditor, der als Kind von der Atmosphäre in seinem heimatlichen Café so beeindruckt war, dass er später in die Konditorlehre ging. Als Kind dürften ihm

Kaffee und Kuchenqualität weniger wichtig gewesen sein als der Umstand, dass er an diesem ganz speziellen Ort − dem Kaffeehaus am Platze − besonders umsorgt wurde. »So ein Besuch war immer etwas außer der Welt. Der Eisbecher mit Sahne war mir dabei nicht so wichtig wie das Hinsetzen an kleinen Tischen, der Geruch, die Stimmung und eine gewisse Feierlichkeit«, erinnert sich dieser Konditor, der seinen Beruf für den »schönsten auf Erden« hält. Jedes Kaffeehaus sollte ein quasi kindliches Geheimnis bergen, nach dem sich der Gast sehnt, wenn er von der Straße ins Foyer tritt: zunächst der Geruch von Kaffee, dann der Blick auf die volle und farbenfrohe Tortentheke und schließlich die Einladung: »Kommen Sie! Dort ist der Tisch für Sie frei.«

In unserem Buch werden die ausgewählten Konditoreien nicht wie in einem Touristenführer vorgestellt; auch wenn wir jedem Haus einen Fakten-Kasten anschließen. Vielmehr versuchen wir, den Geist feuilletonistisch einzufangen. Der Flaneur setzt sich und genießt. Was man in solchen Plätzen sehen und erleben kann, erzählen wir völlig subjektiv. In allen Konditoreien findet sich die zunächst beliebige Tortentheke hinter dem Spuckglas; und doch unterscheiden sich diese Plätze und eben diese Torten alle auch. Uns war wichtig zu sehen, wie die Kaffeehäuser ihrem Anspruch gerecht werden, den Alltag der Menschen zu versüßen und eine Oase der Muße zu sein. Bestimmte Details schaffen dann ein Ganzes: vielleicht ein ausgesucht schöner Blumenschmuck; besondere Gemälde an der Wand oder im Nebenraum ein Antiquariat, in dem auch Kinder schmökern können. Weg vom Alltag draußen und rein in eine Stunde der Verwöhnung.

Zu unseren Konditorei-Favoriten gehören nicht nur alteingesessene Plätze mit einer Tradition bis zur Kaiserzeit im 19. Jahrhundert — wie »Buchwald« und »Rabien«, die sich heute noch Hofkonditor nennen, weil sie entweder an den Hof von Berlin oder von Potsdam vornehmlich jene Baumkuchen lieferten, die heute noch hergestellt werden. Voller Tradition sind auch Plätze wie das »Café Einstein Stammhaus«, wo in der alten Villa in der Kurfürstenstraße das Parkett knarrt und hohe Decken mit Stuck an die Gründerjahre erinnern. Ähnlich sieht es auch im »Literaturcafé« in der Fasanenstraße aus. An solchen Plätzen herrscht eine gediegene Atmosphäre: Das Personal trägt Uniform. Ins »Café Einstein Unter den Linden« locken vor allem Wiener Torten, aber auch österreichische Kaffees besonderer Art. Hier ist zudem der Service besonders zuvorkommend. Nicht nur im »Einstein«, sondern an allen beschriebenen Plätzen wissen Kellnerinnen und Kellner genau, wie ihre Torten gebacken sind und können den Kunden beraten. Im eleganten Café der »Princess Cheesecake« ist das auch selbstverständlich; und so muss es auch sein.

Einst würde so ein Buch nicht ohne das »Kranzler« ausgekommen sein. Doch das ist Geschichte, genauso wie das »Romanische Café«. Aber nicht weit vom Ex-»Kranzler« am Ku'damm versucht das »Reinhard's« die Tradition des Straßencafés der gehobenen Gesellschaft zu wahren. Es ist der einzige Platz dieser Art an der alten Flaniermeile West-

Berlins; auch im »Wiener Conditorei Caffeehaus« am Hohenzollerndamm pflegt man gerne draußen zu sitzen, um zu sehen und gesehen zu werden. Zwei besondere Plätze. Wer den Schwerpunkt lieber auf eine spezielle Kaffeesorte legen will, der mag in Charlottenburg zur »Berliner Kaffeerösterei« kommen, wo sich der Gast die Kaffeebohne aussuchen kann, die für ihn frisch gemahlen wird.

Bisweilen hat uns auch das besondere Ambiente angezogen, die heimelige Bürgerstube einer polnischen Gastgeberin in der »Kredenz« an der Kantstraße, in dem ein deutsch-israelischer Film gedreht wurde, oder Frau Behrens, die im gleichnamigen Café im Bergmannkiez eine ähnliche Atmosphäre von Bürgerbehagen anbietet. Im Tiergarten lockt – etwas versteckt – das »Teehaus im Englischen Garten« als ein besonders schöner Ort: Im Winter knistert drinnen der Kamin wie in einem britischen Landhaus. Im Sommer lockt die Terrasse zum Tiergarten zu bestem Kuchen und Tee. Das »Rausch Schokoladen-Café« darf nicht fehlen. Dort versinkt der Gast in Schokoladenträume, während er gleichzeitig das Treiben auf dem Gendarmenmarkt begucken kann.

Zur alten Tradition der Kaffeehäuser haben sich mittlerweile im Osten der Stadt neue herausgebildet. Da geht es eher lässig zu, wie im »Anna Blume«, wo an ein Liebesgedicht des Dadaisten Schwitters mit diesem Titel erinnert wird, oder im nahen und durch die Eigentümer verwandten »Sowohl-AlsAuch«. In diesen Kaffeehäusern geht es einfach nur gemütlich und hemdsärmelig zu. Vor allem junge Leute sind die tonangebenden Gäste. In das »Schöne Café« lockt vor allem eine köstliche Baiser-Torte. Aus dem Rahmen fallen zwar, doch ungemein verlockend, Plätze wie die »Bravo Bravko Kuchenwerkstatt« in Kreuzberg, wo die besten Torten in einem Ambiente angeboten werden, das mehr an ein Kühlhaus erinnert; oder jenes »Café Tasso« an der Frankfurter Allee in Friedrichshain, an dem sich der Geschmack der kleinen DDR mit der grenzenlosen Bücherwelt verbindet. Die Einladung steht: Für eine Café-KulTour durch Berlins Kuchenoasen.

Jörg Bremer
Berlin im Juni 2021

JUNGE MUTTER ALLER
BERLINER KAFFEEHÄUSER

Konditorei Buchwald

Bartningallee 29
10557 Berlin (Moabit)

Bei »Buchwald« im Gärtchen unter der Silberpappel kamen uns für die neue Berliner Wohnung die besten Ideen. Alltäglich forderte die Innenarchitektin mit Bauplänen, Farbproben und Stofffetzen zur Auswahl heraus, und die Entscheidung war harte Arbeit! Doch diese gute eine Stunde am Arbeitstag – mit Handwerkern, Dreck und Pannen in der nahen Baustelle – wurde stets produktiv und doch zugleich ein ersehnter Urlaub im Paradies: Kein Bohren und Hämmern, kein Staub; vielmehr ein lauer Wind von der nahen Spree und dazu diese singende Amsel in der Pappel, immer wieder ein Zitronenfalter – und die Spatzen, wie sie Kuchenkrümel stibitzen. Vor uns auf dem Tisch lockte ein starker Kaffee sowie immer wieder eine andere Torte –, bis an einem Tag diese einfühlsame Kellnerin mit dem grün eingefärbten Haarzopf zwar die gewünschte Erdbeercremetorte servierte, aber mit Berliner Tonfall keck heraus fragte: »Hier diese herrliche Torte; aber unser Bestes, den Baumkuchen? Den kennen Sie wohl noch immer nicht!?«

Kann denn ein Römer den Berliner Buchwald-Baumkuchen kennen? »Alle Welt kennt den, seit mehr als 160 Jahren«, lautete ihre klare Ansage; und ich begriff, dass selbst diese Spree-Stadt weltgreifende Traditionen hat; eine ist die »Baumkuchenfabrikation-Konditorei und Café – Gustav Buchwald«. Diese Einrichtung ist Berlins ehrwürdig-älteste Konditorei, nachdem Gustav Buchwald mit der 1852 in Cottbus

gegründeten Konditorei 1904 in die Residenz gezogen war. Er dürfte in den Gründerjahren einer von vielen Bäckern aus der Provinz gewesen sein, auch auf Weihnachtsmärkten rührend bemüht. Erfolgreich aber wurde Buchwald erst, als er sich mit seinem besten Produkt an den preußischen Hof gewandt hatte und verdientermaßen mit dem Titel »Hoflieferant« geehrt wurde. Als Versorger für das Königshaus soll Buchwald es dann gewagt haben, seinen exquisiten Baumkuchen auch zum Hof in Rom auf den Quirinal zu schicken. Dort soll die Freude groß gewesen sein, und so sind wir uns nun sicher: »Natürlich kennt man Buchwald auch in Rom.«

Buchwalds Baumkuchen liegt nicht nur immer wieder auf dem Teller, er ist seither auch ein beliebtes Geschenk in alle Welt, selbst wenn weder unsere Lieblingskellnerin noch Eigentümerin Andrea Tönges mit dem Rezept zu dieser Cottbusser Spezialität herausrücken. Er unterscheide sich »aber erheblich« von jener anderen Art, die in Salzwedel in der Altmark hergestellt werde, sagen sie. Seither ahnen wir die »Buchwald«-Chefin in ihrer Backküche, wie sie Schicht auf Schicht − 13 bis 16 − bei offener Flamme die von Butter schwere Masse auf eine sich drehende Walze aufträgt, bis sie mit einem Holzkamm geformt und nach dem Erkalten mit dünner Zuckerglasur überzogen wird. Im Winter gibt es den Baumkuchen auch in Schokolade getaucht. Er wird grammweise verkauft − etwa so kostbar wie Gold.

Das Rezept und womöglich auch die überkommene Herstellungsweise dürften das Einzige sein, was bei »Buchwald« die Zeiten überdauert hat. Im Zweiten Weltkrieg fackelte eine

Schwefelbombe das Gebäude zu großen Teilen ab; und obwohl »Buchwald« schon am 7. Juli 1945 den Betrieb wieder
aufnahm, gab es zunächst nur den Verkaufsraum. Der heute erste Gastraum war damals Backstube, aus der die Torten
über eine Durchreiche in den Laden kamen. Hartnäckig bau-
te so Frau Tönges' Oma, Käthe Dielitz, mit Onkel Pauli auf
engstem Raum das Baumkuchen- und Tortengeschäft wieder
auf, bis Tochter Ursula Kantelberg 1963 den Meisterbrief erhielt; per Sondergenehmigung wurde sie die jüngste Kondi-
tormeisterin der Stadt. Oma aber blieb am Kuchen, konzent-
rierte sich freilich zunehmend auf den Verkauf – und das bis
ins hohe Alter. In den Bann von Oma und Mutter geriet bald
darauf die dritte Generation: Auch wenn Andrea zunächst
einen anderen Berufsweg einschlug, 2014 wurde Frau Andrea Tönges Meisterin, und seit Mai 2015 führt sie den Betrieb
weiter ins 21. Jahrhundert.

Für die Gäste aus dem Hansaviertel, Alt-Moabit sowie für ganz Berlin ist das »Buchwald« eine Institution, weil Personal und Chefin – seit 1935 regiert das »Buchwald« jeweils eine Frau – den Gästen im Gärtchen wie drinnen eine besondere Stimmung anbieten. Tradition, Entschleunigung und Entspannung sind hier Programm. Omas alte Standuhr im Gastzimmer scheint stehen geblieben und traditionelle Handwerksqualität bleibt lebendig. Köstliche Torten haben hier ein Charaktergesicht, so als gäbe es sie nur einziges Mal. Die Auswahl fällt immer wieder schwer. Jeder will etwas anderes. Das Pärchen dort liebt Tarte Citron. Der Witwer erinnert sich beim Marmorkranz besserer Zeiten. Die israelischen Nachbarn meinen: »We want to feel at home in deutscher Atmosphäre.« Längst weiß man bei »Buchwald«, dass diese Verlegerin aus Tel Aviv zum Frühstück einen doppelten Espresso mit einem kleinen Kännchen heißer Milch bevorzugt, während ihr Mann Cappuccino trinkt. Mit Vorliebe speisen beide »Ullas Käsetraum« nach Art der Mutter Kantelberg: frisch gebackene Brötchen, verschiedene Sorten Käse und zum krönenden Abschluss – eine Baumkuchen-Spitze.

Drinnen knarrt der alte Parkettboden, der mutmaßlich bald erneuert werden muss. Dabei ist gerade dies Knarren so heimelig. Irgendwie drängt die Zeit danach, neue Möbel zu finden und womöglich andere Tapeten an die Wand zu kleben. Oder soll die bei Omi stehen gebliebene Zeit bewahrt werden? Man könnte unsere Innenarchitektin fragen. Rechtliche Bestimmungen zwingen stetig zu Erneuerung; mal gelten sie dem Feuerschutz. Oder es müssen eine vermeintliche Stolperschwelle weg und die WC-Räume renoviert werden. Doch letztlich bleibt die Sehnsucht nach Bewahrung genauso stark wie der Drang jeder Generation, etwas Neues zu versuchen. In dieser Spannung lenkt die »junge Mutter aller Berliner Konditoreien« Andrea Tönges das »Buchwald«, behutsam, aber willensstark mit ihrer Spezialität, dem Baumkuchen nach Cottbuser Art.

TYPUS: Konditorei-Café (seit 1878), sehr traditionell, old-school, eigene Herstellung

LOCATION: Laden mit Kuchentheken, zwei Gasträume, Kaffeegarten, von Hecken umgeben, Vogelgesang inklusive

EINRICHTUNG: innen: altmodische, aber passende Tapeten, mit Hussen überzogene Kaffeehausstühle, draußen: bequeme Rattan-Gartensessel

SERVICE: professionell (keine Amateure), sympathisch und schnell

KUCHENAUSWAHL: sehr große Auswahl an Torten, keine trendy Firlefanz-Torten, Spezialität seit 1870: Baumkuchen

PRÄSENTATION DER TORTEN: in zwei Theken, eine davon im ersten, eine im zweiten Gastraum

TOILETTEN: sauber, old-fashioned, zweckmäßig

BARRIEREFREIHEIT: Zugang zum Gastraum über Treppe, Toiletten auf gleicher Ebene, Garten: barrierefrei

KAFFEEKULTUR: Kaffee wird mit Glas Wasser serviert

PREISE: Tasse Kaffee: 2,00 Euro, Tasse Cappuccino: 2,70 Euro, Stück Torte: 3,70 Euro, Schlagsahne: 1,00 Euro

POTSDAMS SÜSSE SEITE IN STEGLITZ

Konditorei Rabien

Klingsorstraße 13
12167 Berlin (Steglitz)

Die Klingsorstraße in Steglitz, einem ruhigen Wohngebiet, ist nicht leicht zu finden. Zudem liegt der Glasbungalow der »Konditorei Rabien« etwas von dieser Straße zurück- und in den Garten versetzt, als müsse dies Haus keine Reklame für sich machen. Und so ist es: Mit ihrer Tradition, die mit dem ersten Meisterbrief in der Familie 1878 begann und 1903 in Potsdam am Nauener Tor ihr Stammhaus erhielt, ist die »Konditorei Rabien« die zweitälteste Confiserie-Adresse in Berlin und hat längst Weltruf errungen, schickt man doch seine Produkte – vor allem den Baumkuchen – bis nach Japan, von wo sich 2006 Literaturnobelpreisträger Kenzaburō Ōe bei Klaus Rabien dafür bedankte, dass auf diese Art der »wahre Baumkuchen« in Japan bekannt werde.

Kein Wunder also, dass japanische Touristen – wenn man in Covid-Zeiten reisen kann – weiterhin eigens nach Steglitz kommen, mit Mundschutz und großen Augen bei so vielen Torten, meist etwa dreißig an der Zahl. Hier geht die Welt »konditern«, heißt es in einer Broschüre der Familie. Die Namen der verschiedenen Kuchen bei »Rabien« verweisen auf die lokale Tradition: Die »Sanssouci-Torte« mit Nougat, Kirschwasser und Baumkuchen erinnert an jenes Rokoko-Schlösschen von Friedrich II. in Potsdam; die »Graf Walder-see-Torte« mit Mocca-Creme über Baumkuchenzacken an den Potsdamer Feldmarschall, der 1900 das Oberkommando gegen den chinesischen Boxeraufstand übernahm. Auch der

Caprivi-Kuchen verweist auf preu-
ßische Geschichte und gedenkt
Bismarcks Nachfolger als Reichs-
kanzler Leo v. Caprivi: Mocca-
Creme zwischen zwei Baisers.

»All diese Herrschaften sind doch
schon länger tot!«, gibt der Kunde
bei der Betrachtung dieser Torten
zu bedenken. Doch die Antwort
von der Chefin hinter dem Spuckglas folgt sofort: »Haben Sie keine
Angst; das sind nur alte Namen.
Jede Torte, jeder Kuchen ist frisch
aus der Backstube hinter diesem
Verkaufsraum.« Und wie gerufen, erscheint just ein Konditor
»von hinten« und präsentiert die jüngste »Schwedenchar-
lotte«, Baumkuchenzacken mit Schwedenpunsch; auch eine
Torte nach traditionellem Rezept.

In dem kühl gestalteten Café mit seinen hellen Möbeln und
weißen Lacktischen erinnert nichts an die plüschig-heimelige
Gründerjahr-Einrichtung einst in Potsdam. Das heutige Steglitzer Café erschiene sogar mehr als Kantine denn als Rück-
zugsraum für die Flucht aus dem Berufsalltag, fühlte sich das
träumende Auge nicht von der lang gezogenen Theke mit
all diesen prachtvoll bunten Torten und Kuchen angezogen.
Auch kann der Blick auf den Regalen verweilen, auf denen
vor allem Baumkuchen mit oder ohne Schokoladenüberzug
ausgestellt wird.

Im »Buchwald« wird der Baumkuchen nach dem Cottbusser Rezept hergestellt; hier im »Rabien« steht die Tradition aus Salzwedel Pate. Auch danach wird die Masse auf einer sich drehenden Form vor offener Flamme aufgetragen; aber das Endprodukt schmeckt wohl wegen der vielen Eier anders. »Saftig und reich! Mir ist der Cottbuser Baumkuchen zu trocken«, befindet die Chefin gegenüber der Konkurrenz. »Wir verwenden hier aber auch nur beste Butter«, setzt sie hinzu, so als würden Buchwalds und die Cottbuser Griebenschmalz verbacken.

Jedes Produkt aus dem Hause »Rabien« trägt entweder Potsdams Nauener Tor auf seinem Etikett oder das fürstliche Wappen der Familie Hohenzollern; schließlich durfte man sich bald nach der Niederlassung »Höchstdero Hofconditor« nennen. Aber an einen Umzug zurück nach Potsdam, das man 1951 wegen der SED-Beschränkungen und der HO-Schikanen

verließ, wird nicht mehr gedacht. Gleich nach der Öffnung der Grenze hatte die Familie das über Jahre versucht. Doch die verbliebenen kommunistischen Seilschaften wussten das zu verhindern. Nun ist es gut: Das Steglitzer Café ist der neue Magnet. Jeder Kunde erhält zu seinem Kaffee einen Mürbeteigkeks, der das geschwungene »R« trägt. Der schmeckt ein wenig nach Weihnachten, nach Kerzen und Auszeit. Kaufen kann man ihn nicht; für diesen Keks muss man bei »Rabien« »konditern« gehen.

TYPUS: klassische Konditorei, gegr. 1903 in Potsdam, Hoflieferant der Hohenzollern

LOCATION: unspektakulär, in einem Altbauwohngebiet abseits der Geschäftsstraßen, lichtdurchfluteter Neubau, Kaffeegarten vor der Fensterfront

EINRICHTUNG: moderne, zeitgemäße Ausstattung

SERVICE: freundlich, professionell und fachkundig

KUCHENAUSWAHL: überwältigendes Angebot an Torten, Kuchen und Petit Fours

PRÄSENTATION DER TORTEN: ca. 9 m breite Kuchentheke mit mehreren Etagen

TOILETTEN: perfekt

BARRIEREFREIHEIT: Zugang zur Konditorei und zur Toilette barrierefrei

KAFFEEKULTUR: diverse Kaffeesorten, frisch gemahlen, Gleiches gilt für Tee

PREISE: Tasse Kaffee: 2,00 Euro, Tasse Cappuccino: 2,50 Euro, Stück Torte: 3,25–3,75 Euro, Schlagsahne: 1,00 Euro

NICHT NÄSELND, SONDERN MIT BERLINER SCHNAUZE

Café Einstein
Stammhaus

Kurfürstenstraße 58
10785 Berlin (Schöneberg)

Im »Café Einstein Stammhaus« in der Kurfürstenstraße im Berliner Tiergarten ist alles so, wie man es sich von einem guten Kaffeehaus alten Stils erhoffen mag. Hier harmonisieren Auge, Nase und Geschmack. Das Ambiente der Stadtvilla aus dem 19. Jahrhundert mit bald fünf Meter hohen Sälen und neubarockem Spiegelstuck an den Wänden empfängt mit gewisser Förmlichkeit und dennoch lässig; denn bei genauem Hinsehen blättern hier und dort die Farben ab. Das Parkett hat offensichtlich schon viele tausend Besucher überleben müssen und die in Weinrot getauchten Möbel auch. Aber genau dergleichen trägt zur Gemütlichkeit bei. Hier darf der Gast Jeans und T-Shirt tragen, während die Kellner in Uniform erscheinen.

Ihr Chef spricht zwar von »Arbeitskleidung« und die geschäftige Eile, mit der die Blaubeersahnetorte und der Kaffee aufgetragen werden, deutet auf Arbeit hin. Aber für ein Schwätzchen mit dem Gast bleibt Zeit und für die Erklärung der Köstlichkeiten allemal. Die Kuchen werden im Untergeschoss der Villa gebacken; der Apfelstrudel und Kaiserschmarrn sind »Einsteins« Renner. Heute steht das Stammhaus wirtschaftlich und organisatorisch wieder für sich allein; das tut auch das gleichnamige Café »Unter den Linden«. Die anderen »Einstein«-Cafés in Berlin haben nichts mit diesen beiden Paradehäusern zu tun und spielen in einer unteren Liga. Davon kann der Chefkellner in der Kurfürstenstraße

seine Gäste leicht überzeugen; denn wo sonst gibt es noch zum Kaffee ein Glas Wasser; wo sonst wird eigens darauf hingewiesen: »Bitte benutzen Sie Ihr Mobiltelefon diskret.« So steht es auf Messingtafeln. Das gute Kaffeehaus will den Genießer des Kaffees gewinnen und ist weder Büro noch Schnatterkiste.

Durch die großen Fenster fällt reichlich Licht: auf die mehrstöckige Glasvitrine mit den Torten, zu den in Messingrahmen gefassten Marmortischen auf ihren Metallbeinen, auf die traditionellen Bugholzstühle von Thonet und eben auf die weinroten Sitzecken, in die man sich zu viert zurückziehen kann. Wenn dort Gäste gehen, wird erst einmal das Kärtchen »Reserviert« auf den Tisch gestellt: »Zum einen wollen wir den Tisch vor neuen Besuchern erst einmal putzen. Zum anderen haben wir es gerne, wenn nicht einzelne Gäste in solchen Separees Platz nehmen«, sagt der Chef. Das Personal weist die Tische zu.

Sanftes Getuschel fließt aus den Ecken; hier und dort sitzen bekannte Persönlichkeiten: eine Ministerin oder ein Schauspieler. Prominenz aber tut nichts zur Sache. Alle schließt gleichermaßen dieser angenehme Duft von Kaffee ein; wenn nicht gerade, was leider auch im »Café Einstein« geschieht, »Wiener Schnitzel« vorbeigetragen werden oder der »Marinierte Rindertafelspitz«. Aber dieser von jeher überall und offenbar unerlässliche Ausbruch aus der Konditorei stört im geräumigen »Einstein« kaum. Alles beherrscht der Kaffeegeist. Über den gesamten Tag hin sitzen bei einer Kaffeespezialität hier oder dort Menschen für sich allein und lesen in einer der

Zeitungen, die wie in einer Garderobe im Foyer aushängen. Diese Gäste bestellen zunächst den ersten, dann einen zweiten Kaffee oder aber auch den »Ku'damm Kir«, Potsdamer Weisse mit Crème de Cassi. Kein Wunder, wenn sich danach Hunger einstellt; vor allem aber das Gefühl, bloß nicht gehen zu mussen. Während man sich doch drinnen im Schutz eines guten Kaffeehauses die Welt zurechtträumen kann, herrscht draußen die böse Wirklichkeit.

Allemal in Berlin und vor dem »Café Einstein«, denn auf dem Bürgersteig vor dem Haus fallen die beiden »Stolpersteine« auf, die seit 2009 an frühere Eigentümer der 1879 fertiggestellten Villa erinnern: den jüdischen Bankier Georg Blumenfeld und seine Ehefrau Margarete Lucia, die 1939 wegen der nationalsozialistischen Rassengesetze enteignet wurden. Georg Blumenfeld nahm sich daraufhin das Leben. Seine Ehefrau beging »als letzten Akt der Selbstbehauptung« 1941 ebenfalls Selbstmord. Damit gehört das »Café Einstein« nicht nur wegen seines Namensträgers, des jüdischen Nobelpreisträgers und Physikers Albert Einstein, der von 1914 bis 1932 in Berlin lebte, zur Hauptstadt und in die bittere deutsche Geschichte. Zum Glück ist diese Historie reichlich lang und hat auch ihre heitere Seite, zu der die Kaffeehäuser gehören. Sie wollen nicht wie die in Wien sein, sondern den Berlinern und ihren Besuchern ein typisch eigenes Zuhause geben. Nicht näselnd, sondern mit Berliner Schnauze, wohl in strenger Uniform, aber mit einem Augenzwinkern, das alles nicht ganz so ernst zu nehmen sei. Dann lässt sich vor Augen führen, dass dies Café an Einsteins »Roaring Twenties«

im vergangenen Jahrhundert anknüpfen will, als in Berlin das Leben genossen werden konnte; damals wären Kunst und Kultur, Wirtschaft und Politik im »Café Einstein« eingekehrt. Auch diese lästige Politik: Schließlich liegt dies Kaffeehaus im Tiergartenkarree, in dem heute wie einst Regierung und Botschaften zu Hause sind. Da geht es gar nicht ohne ein gutes Kaffeehaus, um vielleicht doch noch den nötigen politischen Kompromiss auszuhandeln, und am Abend Steinbutt mit Estragon-Erdäpfel-Kruste sowie ein getrüffeltes Schwarzwurzelsüppchen zu genießen, hoffentlich verdient.

TYPUS: Café-Restaurant: elegantes Kaffeehaus im Wiener Stil, mit eigener Konditorei und umfangreicher Speisekarte, internationale Tageszeitungen, »gehobenes« Publikum
LOCATION: Beletage und Garten einer denkmalgeschützten Neorenaissancevilla, Parkett, 5 m Raumhöhe, riesige Spiegel, mit mehreren Gasträumen, einem hoch getäfelten, gemütlichem Séparée und einer Bar, Kaffeegarten hinter dem Haus unter schattenspendenden Bäumen
EINRICHTUNG: wienerisch, Gesamteindruck: elegant
SERVICE: hochprofessionell und freundlich
KUCHENAUSWAHL: übersichtlich, aus eigener Herstellung
PRÄSENTATION DER TORTEN: unauffällig
TOILETTEN: im Untergeschoss, mit Treppe
BARRIEREFREIHEIT: Treppe zur Beletage und von dieser zum Garten, barrierefreier Zugang zum Garten nach Rücksprache möglich
KAFFEEKULTUR: High End: eigene Kaffeerösterei
PREISE: Tasse Kaffee: 3,00 Euro, Tasse Cappuccino: 4,90 Euro, Stück Torte: 3,50–4,50 Euro, Schlagsahne: 1,00 Euro

VON DER LEICHTIGKEIT DER KÄSETORTEN

Princess Cheesecake

Knesebeckstraße 32
10623 Berlin (Charlottenburg)

Ihre Füße stecken in eleganten Pumps; Bein über Bein sitzt sie da vor dem Café in mittelkurzem Rock, der dasselbe Kaffeebraun zeigt wie ihre Schuhe. Vor ihr auf dem Tisch liegt ein reichlich dickes Manuskript, das sie offensichtlich nur unwillig studiert. Sie überschlägt ungeduldig Seiten und markiert Passagen mit Bleistift. »Wirklich?«, »Prüfen«, schreibt sie dabei an den Rand! Immer wieder wirft sie ihre Haare aus der Stirn. Ruhiger wird die Buchagentin erst, als sie ein Glas Champagner und den »Königlichen Käsekuchen« erhält. Sie genießt zunächst einen Schluck, und mit dem ersten Bissen nimmt sie dann für ein halbes Stündchen Abschied von der Arbeit, entspannt sich und beschließt: Dies Buch wird sie nicht zu vermarkten suchen. Jetzt kann sie wieder lächeln. Die Agentin wohnt in der Nachbarschaft der Knesebeckstraße, in der das Café der »Princess Cheesecake« zum Genießen einlädt. Gerne kommt die Agentin hierher und beruhigt ihre Nerven, wenn sie wieder einmal von einem Autor bedrängt wird.

An diesem ersten Frühlingsnachmittag nach der langen Pandemie-Krise hat sich der Platz mit seinen eleganten Sitzgruppen unter den zartrosa Schirmen schnell gefüllt. Es sind meist die wohlsituierten Bürger in diesem Stadtteil, die seit der Öffnung 2018 zu dieser Patisserie kommen. Dabei wurde die »Prinzessin« 2011 zunächst nur in der Tucholskystraße in Berlin-Mitte geboren. Dort wird auch bis heute produziert und serviert. Das Café im Westen ist dagegen größer; da lassen sich mehr Gäste empfangen. Cornelia Suhr heißt die Gründerin von »Princess Cheesecake«; sie ist die Chefin bis heute. »Conny« stammt aus einer Familie von Konditoren und betreibt zudem seit Jahren eine PR-Agentur. Für ihre beiden Cafés muss sie freilich kaum Werbung machen. Die laden durch sich selber ein. In einer Stadt, in der Lässigkeit und Improvisation herrschen, wirken Connys Prinzessinnen von vorherein wie Oasen der Eleganz und Zuverlässigkeit.

In der Knesebeckstraße fallen schon von Weitem diese hellrosa Schirme vor dem Café ins Auge. Ausgewählt, damenhaft und leicht wirken sie. Dann verliebt sich das Auge in das frische Rosa der Möbel drinnen; auch in die Rätsel aufgebende Tapete aus Italien, die dies Rosa aufnimmt; im Übrigen aber unscharf Konturen eines floralen Musters wiedergibt, so als habe ein Archäologe gerade erst diese römisch-antike Wand ausgegraben. Alles Licht aber richtet sich auf die Kuchen hinter dem Spuckglas. Zehn verschiedene Torten liegen da heute, Törtchen und Tartes; stets werden nicht nur die Namen genannt, sondern auch diverse Zutaten beschrieben. Ein »New York Cheesecake« oder die Torte aus dunkler und heller Schokolade »ChocoLoco Darling« müssen nicht extra angepriesen werden. Allein der Anblick weckt den Geschmackssinn: Aber diese Kunstwerke sehen nicht nur kunstvoll aus, sie schmecken auch hervorragend, wie sich bald erweist.

Jeden Tag kommen die ästhetischen Verführer frisch aus der Patisserie in der Tucholskystraße. »Dort wie hier in der Knesebeck geht es uns darum, einen Platz des Genusses und der Ruhe zu schaffen, eine Auszeit vom Alltag«, sagt Conny Suhr. Urgroßvater und Großvater waren Bäcker und Konditormeister im Westfälischen. Conny hingegen kam erst in Los Angeles auf den Geschmack, wo sie beim Film arbeitete, für Rockmusik schwärmte, aber eben auch immer wieder in Venice »Devils Cheesecake« genoss. Da sie in der Regel in der ersten Biosupermarktkette in den USA ihre Einkäufe erledigte, wurde ihr dort auch das erste Mal klar, dass guter Käsekuchen bio sein müsse. Als Conny dann 1994 nach Berlin wechselte, stand sie quasi »vor der Alternative Rock-Radio oder Käsekuchen«. Sie habe sich für Bio-Kuchen entschieden und zurück in Europa für Europas Geschmäcker: für den französischen bei der Zitronentarte »Mondanité«. Der polnische Baumkuchen wird in »Königin Bonas Traum« zur italienischen Versuchung, die sich allemal nachvollziehen lässt, wenn man sich Prinzessin Bona vorstellt, jene

Sforza-Herzogin vom sonnigen Stiefel, die sich plötzlich im kalten Warschau wiederfand, wo sie 1518 dem polnischen König angetraut wurde. Da wurde Italien zum Traum. Der Salz-Karamell-Mandelkuchen, um noch ein Beispiel zu nennen, ist spanischen Geschmacks.

All die Kreationen müssten besser sein als »Omas Kuchen, der bekanntlich schwer zu toppen ist«, gibt Conny Suhr zu verstehen; »denn sonst kommt ja keiner zu Princess Cheesecake.« Und so werde mit Bedacht mit ausgewählten Produkten aus der Region und je nach Saison gearbeitet. »Bei uns gibt es nur besten Magerquark, nur braunen Zucker oder guten Honig. Jedes Ei schlagen wir selber auf. Leicht müssen diese Torten sein. Vegane Törtchen gehören auch zum Angebot.« Das Cassis-Törtchen ist so ein Diätwunder und ist so köstlich, dass jede der drei Damen, die sich gerade am Nachbartisch niederließen, ein Stückchen bestellt. Man sieht

geradezu, wie die Creme schwarzer Johannisbeere voll Genuss, wenn nicht Hingabe, hinter rot geschminkten Lippen verschwindet. Die Damen schweigen; die Agentin hingegen muss in den Alltag zurück und geht.

TYPUS: Konditorei-Café, Schwerpunkt: American, regional, frisch, bio, auch (!) vegan, hochkreativ
LOCATION: modernes Café mit konventionellem Qualitätsanspruch in einem Haus mit beeindruckender Fassade aus der Gründerzeit, mit Außengastronomie in einer der großzügigsten Straßen von Charlottenburg
EINRICHTUNG: neu, edel, hell, großzügig, elegant
SERVICE: sehr kompetent mit umfassenden Produktinformationen
KUCHENAUSWAHL: Auswahl üppig, Spezialität u. a. (but not limited to) Cheesecake in allen Erscheinungsformen, von Törtchen über Tarte bis Torte
PRÄSENTATION DER TORTEN: sehr großzügig, dabei übersichtlich und sehr informativ ausgezeichnet/beschriftet
TOILETTEN: großzügig und barrierefrei
BARRIEREFREIHEIT: es gibt nur zwei Stufen zum Laden, danach barrierefrei
KAFFEEKULTUR: Standard
PREISE: Latte macchiato: 3,20 Euro, Tasse Cappuccino: 3,30 Euro, Stück Torte (New York Cheesecake): 4,90 Euro

GENIESSEN UND SICH DABEI SEHEN LASSEN

Wiener Conditorei Caffeehaus

Hohenzollerndamm 8
14199 Berlin (Dahlem/Grunewald)

Es gibt Konditoreien, die laden zum Rückzug ein, zum intimen Gespräch oder zur Lektüre. Das »Wiener Conditorei Caffeehaus« am Roseneck dagegen gehört zu einer anderen Kategorie. Dieses Café auf dem feinen Abschnitt des Hohenzollerndamms zieht jene an, die gesehen werden wollen. Das will offenbar der grau melierte Herr, Kategorie wohlhabender Pensionär, der für seinen offenen Daimler einen Parkplatz vor der Konditorei sucht. Er fährt dafür eigens besonders langsam die lange Front der Tische ab, zwei Reihen mit je mehr als zehn Tischchen; und sieht mehr auf selbige denn nach einem Parkplatz. Weil aber seine Suche in beiderlei Hinsicht vergeblich ist, fährt er weiter und muss sein ansehnliches Auto in irgendeiner Nachbarstraße abstellen. Einige Minuten später kehrt er gemessenen Schritts zurück und setzt sich in die erste Reihe vor die weit geöffneten Fenster des Cafés. Er wartet vielleicht auf jemanden. Dabei ist dieser Mann mit dem Pullover aus feinem grasgrünem Kaschmir und dem Wappenring am rechten Ringfinger keineswegs ungeduldig, und doch: die mitgebrachte Tageszeitung will er offenbar nicht lesen. Er guckt lieber. Dafür steht er noch einmal auf und rückt sich seinen Stuhl so vom Tisch ab und geradewegs der Straße zu, dass er – an der zweiten Reihe vorbei – die Passanten gut im Blick hat; und die ihn.

Dass die Kellnerin ihn schon Sekunden später nach seinem Begehren befragt, scheint er fürs Erste zu überhören, kommt da doch gerade eine gutaussehende Dame seiner Generation aus der Parfümerie nebenan. Er schweift mit langem Blick ihren Schritten hinterher, während er sich doch für Cappuccino oder Eiskaffee entscheiden sollte. Die Kellnerin scheint ihn zu kennen und verspricht diesmal einen Eiskaffee mit »besonders viel Kaffee und etwas weniger Sahne als üblich«. Nun gut. Der Herr legt nach dieser Bestellung die Hand mit dem Ring dekorativ auf seine über Kreuz gelegten Knie und sinnt den Hohenzollerndamm hinunter. Da nehmen zwei Damen, die eine noch aufgeputzter als die andere, mit einem Hund Kurs auf das Café und setzen sich nicht weit von dem besagten Herrn auch in die erste Reihe. Er lächelt den beiden zu, räuspert sich, hätte gerne eine kleine Konversation; aber dazu kommt es nicht. Nicht nur, weil die Damen in ein Gespräch über den Hund vertieft bleiben, sondern weil die Kellnerin seinen Eiskaffee serviert; gerade in diesem Moment schon störend lästig, meint man der Mimik des Herrn abzulesen.

Diese Kellnerin kommt dagegen rasch in ein Gespräch mit den beiden Damen; nicht zuletzt lädt sie zur Kuchentheke in die Konditorei ein, um dort etwas auszusuchen. Diese Auswahl fällt gewiss nicht nur den Damen schwer. Ein reiches Buffet aus den unterschiedlichsten Kostbarkeiten will dort erobert sein. Eine Torte aus Zitronenbaiser lädt besonders ein. Für Marzipan dürfte es vielleicht an diesem Sommermorgen zu warm sein, aber wie köstlich liegen da Nuss- und Pistaziencreme! Verständlich, dass die Frau hinter der Theke die verschiedenen Torten gleichermaßen würdigt: Mignon

oder Frankfurter Kranz? Sie kennt jedes Rezept. Natürlich ist die Sachertorte die Spezialität am Ort; das versteht sich schon wegen des Konditorei-Namens. Die Damen aber gehen den schlanken Weg: Die eine wählt ein Erdbeertörtchen, die andere eines mit Waldbeeren, natürlich beide ohne Sahne.

Vielleicht haben die Damen eine besondere Köstlichkeit übersehen, die aber am Rande steht und doch von der besonderen Qualität

dieses Kaffeehauses zeugt. In regelmäßigem Abstand dürfen die Auszubildenden der fünf zum Wiener Café zählenden Betriebe Eigenes kreieren und anbieten. An diesem Tag eine Kokos-Cranberry-Ecke: Sie vereint »zarte Kokosnussmasse mit fruchtigen Cranberries auf Buttermürbeteig«, wie zu lesen ist. Bis zu zehn Lehrlinge bildet der Betrieb in guten Zeiten zum Konditor aus, zur Konditoreifachverkäuferin oder der Restaurantfachfrau, gemeinhin Kellnerin genannt. Der Betrieb hat eine Filiale am Steubenplatz, am Potsdamer Platz, in Dahlem, am Hagenplatz und eben am Roseneck. 1928 wurde das Unternehmen von Familie Otte als Bäckerei beim Charlottenburger Schloss gegründet. Heute ist Enkel Manfred Otte der Seniorchef. Er wurde 1939 in Berlin geboren, lernte in der Schweiz, arbeitete in Paris, Brüssel, Japan und auf Kreuzfahrtschiffen. 1978 begann Manfred Otte mit dem Aufbau der »Wiener Kaffeehausbetriebe«.

Bisweilen heißt es, reine Patisserien hätten keine Chance mehr; deren Zeit sei mit der heutigen Hektik abgelaufen. Niemand verweile mehr in Muße an so einem Ort. Beim »Wiener Conditorei Caffeehaus« sieht das nicht so aus. Vielmehr weist dort alles darauf hin, dass sich – trotz all der Warnungen – die Menschen weiter verwöhnen wollen. Dabei wünschen sie sich hohe Qualität. Um die unter Beweis zu stellen, bietet Otte einen gläsernen Blick in die hohe Kunst des Konditors. Wer will, darf durch das Glas auf die Produktion gucken und kann den Chef des Hauses herausfordern, indem er eine besondere Torte allein für sich bestellt: das Foto des frisch geborenen Babys auf der Sachertorte, eine Hochzeitstorte mit Schmetterlingen oder womöglich den Hund der beiden Damen als Marzipanfigur? Sie bezahlen gerade und gehen.

Das »Wiener Caffeehaus« am Roseneck lebt aber auch von der Ausstattung mit den Sitzmöbeln drinnen, teils aus Leder, teils Holz, die mal offen oder in Nischen stehen, sowie dem gedämpften Licht. Ein bisschen wie in Wien. Draußen vor der Fensterfront stehen Stühle aus Rattan, bequem und einladend. Mittlerweile sind da auch fast alle Tische besetzt. Der besagte Herr ist noch immer allein; aber er greift weiterhin nicht zu seiner Zeitung, wohl aber konnte er kurze Zeit einen ihm bekannten Passanten ins Gespräch verwickeln. Dabei ging es leicht hörbar um Rückenschmerzen. Der kränkelnde Herr verabschiedete sich bald und verschwand in der nahen Apotheke. Derweilen hat der Bettler seinen Auftritt. Der ordentlich gekleidete Mann bietet offiziell ein Obdachlosen-blatt an; vor allem aber steht er offenbar an seinem Stamm-platz im Schatten einer Linde, um mit dem ein oder anderen Kaffeehauskunden wie mit ihm längst vertrauten Gesprächs-partnern zu reden. Von irgendwem wird ihm aus dem Café ein Latte macchiato gereicht. Der Herr mit Wappenring nickt freundlich. Er blieb allein, bezahlt und geht in Richtung Roseneck; das ist das Blumenrondell, an dem einst die Stra-ßenbahn im Kreis wendete, um wieder Kurs auf das Berliner Stadtzentrum zu nehmen. Diese Bahn fährt schon lange nicht mehr; der Herr hat ja auch seine offene Limousine.

TYPUS: großes Konditorei-Café mit ausgewählten Spei-sen im Angebot

LOCATION: liegt auf der Schnittstelle der beiden No-belstadtteile Dahlem und Grunewald; im Außenbe-reich, entlang der langen Fensterfront: zwei Reihen Sitzplätze unter Markise: sehen und gesehen werden

EINRICHTUNG: alle Kaffeehaustische mit polierter Walnussholzoberfläche, viel Messing, dezente Far-ben

SERVICE: Vollprofis, freundlich und schnell

KUCHENAUSWAHL: riesig, Ausstellung von Tor-ten-Sonderanfertigungen im Untergeschoss

PRÄSENTATION DER TORTEN: Augen-schmaus

TOILETTEN: im Untergeschoss, im Vorraum: unzählige Fotos von prominenten Gästen

BARRIEREFREIHEIT: Zugang zum Café barrierefrei, Toilette nur über Treppe

KAFFEEKULTUR: High End

PREISE: Tasse Kaffee: 3,90 Euro, Tas-se Cappuccino: 4,80 Euro, Stück Torte: 5,80 Euro, Schlagsahne: 1,50 Euro

HARRYS TORTENZAUBER IM BERGMANNKIEZ

Frau Behrens Torten

Bergmannstraße 3
10961 Berlin (Kreuzberg)

Der Kiez rund um die Bergmannstraße in Kreuzberg steht für seine gut erhaltene Baustruktur aus den Kaiserzeiten. In den oberen Etagen mit den hohen Decken und dem Stuck residierte das Bürgertum; unten zur Straße hin lagen Geschäfte, und in den hinteren Höfen arbeiteten die Handwerker. Auf dem hintersten befand sich der Kohlenhändler. Heute gilt dieses alte Viertel als hip und jugendlich. Der Kohlenhandel hat sich offenbar nicht mehr gelohnt! Er ist weg, so wie fast die gesamte Geschichte. Aus Geschäften wurden Bars; in den alten Werkstätten ließen sich Künstler nieder. Immer wieder locken Flohmärkte. Aber mit »Frau Behrens Torten« ist noch ein Hauch der alten Zeit lebendig. Sollte Harry Potter einmal nach Berlin kommen, er würde seinen Kaffee und seine Torte bei »Frau Behrens« in der Bergmannstraße einnehmen. Zaubern kann Frau Behrens auch.

In der Enge dieses Kaffeehauses wirkt nämlich alles potterlich geheimnisvoll. Altertümlich barock erscheinende Sesselchen; Sofas aus vergessenen Zeiten laden zum Verkriechen ein, und unverzüglich verweben diese Möbel ihre Nutzer mit längst vergangenen Epochen. Blümchen und Deckchen, Väschen und Tand erinnern an jene Frau Schwiegermutter – Frau Behrens, die dem Eigentümer einst bei der Einrichtung zur Hand ging. Seitdem verharrt die Zeit; und der alte Kachelofen scheint zu schnarchen. Von den Wänden freilich bewacht nicht nur jene rätselhafte barocke Dame im Goldrahmen die Szene. Im hinteren Raum blinzeln Oma und Opa freundlich den Gästen zu; aber natürlich nur, wenn sie selber nicht beobachtet werden – und in der Nacht essen sie den gesamten Kuchen vom Vortag auf.

Wenn Harry kommt, wählt er dem Vernehmen nach Käse-Rhabarber und Heidelbeersahne; nimmt für sich und seine Freunde die gesamten Torten; nicht ohne zuvor den Kellner dahin gehend zu beruhigen, dass aus der Zauberkonditorei längst schon zwei neue Kuchen anschweben. Dabei lockt mit mindestens 15 verschiedenen Sorten – wie wäre es mit Apfel-Zimt-Sahne? – schon genügend Auswahl. Wenn dann der Tee im Sieb – in fast noch brühendem Wasser – zusammen mit einer Tee-Uhr kredenzt wird, ist tatsächlich alles so, wie man es sich träumen mag.

Natürlich gibt es bei »Frau Behrens« kein Internet. Deswegen sitzen da auch nicht einsame Studenten, die an ihrer Arbeit

herumtüfteln müssen; aber zwei junge Männer, die zum Bier eine Käsetorte essen. Sowie die drei älteren Damen in der Fensternische zum Hof, die offen hörbar über ihre längst erwachsenen Kinder reden. Mit schweren Einkaufstüten gesellt sich eine vierte dazu, die von der absehbaren Hochzeit ihres Sohnes berichten will. Diese jungen Leute seien sich nicht darüber einig geworden, ob man nur im Standesamt oder auch in der Kirche getraut werden wolle. »Wenn es nach mir ginge, nur in der Kirche«, findet die Mutter; »Vor wem sonst als vor Gott könne man denn füreinander Treue geloben?« Die Damen sind sich auch nicht einig. Opa und Oma in ihren Rahmen an der Wand schweigen. Die Zeiten haben sich offenbar doch geändert.

TYPUS: Konditorei-Café mit eigener Herstellung und zwei weiteren Filialen

LOCATION: auf der Szene-Schlagader von Kreuzberg, dem Gastraum schließen sich noch zwei kleinere Gasträume an, sehr gemütlich, man kann auch auf dem Bürgersteig an kleinen Cafétischen sitzen und das kuriose Treiben mit all seinen z. T. skurrilen Typen beobachten

EINRICHTUNG: historisierender Gastraum mit originalen Deckenbalken und alten Dielen, Kristallkronleuchter, Ausstattung mit viel Liebe zum Detail

SERVICE: professionell und gut gelaunt

KUCHENAUSWAHL: regelmäßig 10 bis 15 Torten im Angebot, viele Torten haben eine ungewöhnliche Eigenhöhe

PRÄSENTATION DER TORTEN: in großer Kuchentheke mit drei Etagen

TOILETTEN: im Untergeschoss, nagelneu mit alten, restaurierten Holztüren

BARRIEREFREIHEIT: Zugang zum Hauptgastraum ist barrierefrei, zu den Toiletten nicht

KAFFEEKULTUR: Siebträgermaschine

PREISE: Tasse Kaffee: 2,70 Euro, Tasse Cappuccino: 3,40 Euro, Stück Torte: 4,00–4,60 Euro, Schlagsahne: 1,00 Euro

DER »KUCHENGOTT«

Café Maître Münch

Giesebrechtstraße 16
10629 Berlin (Charlottenburg)

Es ist Samstagnachmittag um vier; aber von den angesagten Torten keine Spur mehr. Stattdessen lässt Gerhard Münch eine Obsttarte nach der anderen aus der Küche holen. Aprikosen, Birnen und Kirschen auf dünnem Mandel-Nuss-Boden. Apfelstrudel. Sahne mit Vanille oder einem Schuss Alkohol. »Mehr habe ich nicht. Was soll ich machen?«, fragt Maître Münch bekümmert und eilt von einem der voll besetzten Tische zum nächsten. Gut ein Dutzend sind es, schwarze Thonet-Tische mit den dazu passenden Stühlen. Selten nur herrsche solch ein Andrang; nur selten scheine es die gesamte Nachbarschaft um den Meyerinckplatz in Charlottenburg um diese Zeit in seine Konditorei zu treiben, sagt Münch. Mit so viel Betrieb hat der Badenser aus der Nähe von Stuttgart jedenfalls nicht mehr gerechnet und sogar noch eine Kellnerin vor der Zeit nach Hause geschickt.

Nun muss der bald siebzig Jahre alte Konditor selbst bedienen; aber er tut das gerne, »sonst wäre ich hier falsch am Platz«. Seit rund zehn Jahren ist Münch wieder in Berlin und unterhält mit seinem Mit-Konditor Siegbert Maier diese kleine, aber feine Konditorei. Zuvor hatte er in Heilbronn größere Häuser erfolgreich geleitet; auch das Restaurant »Rossini«, woran die modernistisch nackte Leuchtreklame hinter der Theke erinnert. Das »Café Maître Münch« gibt sich auch sonst recht kühl. Die Wände sind auberginefarben gestrichen; zeitgenössische Gemälde geben den Ton an. Aufwen-

dig schön, fast barock ist dagegen der Blumenschmuck. Im Sommer öffnet sich die Konditorei nach draußen zum Platz unter hohen Bäumen; dann mag man sich in eines der Straßencafés von Paris versetzt fühlen.

Für Meister Münch ist dagegen Berlin − nach mehr als einem Vierteljahrhundert im Süden − der Platz seines Lebens. Zunächst war er an die Spree gekommen, um nicht bei der Bundeswehr einrücken zu müssen. Dann verfeinerte er bei einem zweiten Berlin-Aufenthalt im KaDeWe das Handwerk, das er in seinem Heimatort in jener Konditorei gelernt hatte, in die er mit seiner Mutter bisweilen für eine Eisschale eingekehrt war. Er habe diese Atmosphäre geliebt, sagt Münch. »Wenn Ihr Sohn tatsächlich Konditor werden will, dann muss er das bei mir lernen«, hatte der Wirt der Mutter gesagt; und Gerhard hatte sich daran gehalten. Jetzt in Berlin würde der Meister gerne einen jungen Nachfolger einarbeiten; aber bisher hat er noch niemanden gefunden. »Dabei ist mein Beruf der schönste, den es gibt«, sagt er und gibt ein paar seiner Tortenideen preis. Auch Macarons macht er selber. Dann fügt Münch weniger schüchtern als stolz an, dass er von einer immer wiederkehrenden Kundin einmal als »Kuchengott« gefeiert worden sei.

Wie es sich für eine gute Konditorei gehört, gibt es bei Münch kein WLAN; dafür die Tageszeitungen − und um 18.30 Uhr schließt die Confiserie. »Wenn man etwas gut machen will, braucht man auch Pausen«, sagt Münch. Am Sonntag ist das Café sogar geschlossen. Schon am Ausgang erhält der Gast von Münch seine Visitenkarte. Die zeigt ein Gemälde mit

vier Konditorenporträts. »Der Rechte mit dem Schnäuzer bin ich. Die Zeit hat ihn abrasiert.« Anneliese Hermes malte das Bild für Münch. Als großes Ölgemälde grüßen die vier seither den Gast.

TYPUS: Konditorei-Café mit umfassendem Frühstücks- und Lunchangebot, beide Chefs sind Konditoren, eigene Konditorei
LOCATION: Altbau ebenerdig, hohe Wände, große Fensterfront, im Sommer Best Place unter der großen Markise an der Straßenfront mit Blick auf den Meyerinckplatz und seine alten Platanen im Herzen von Charlottenburg
EINRICHTUNG: Wände auberginefarbig gespachtelt, Lederbänke entlang der Wände, schwarze Tische und Stühle von Thonet (modern), passt alles
SERVICE: professionell, sehr freundlich, Dienstkleidung: schwarz
KUCHENAUSWAHL: alles, was das Herz begehrt, u.a. französische Tartes
PRÄSENTATION DER TORTEN: zweckmäßig, übersichtlich
TOILETTEN: eine Toilette für alle Gäste, Waschbecken mit »Chaud-Froid«-Armaturen und üppig bestückter (seinerzeit: Lilien) Blumenvase; der Benutzer fühlt sich gehalten, die Wassertropfen von der weißen Marmorplatte zu wischen, um das Stillleben nicht zu beeinträchtigen
BARRIEREFREIHEIT: alles ebenerdig, um am Eingang die 3 cm hohe Schwelle zu überwinden, kann man Hilfe herbeiklingeln
KAFFEEKULTUR: Standard
PREISE: Tasse Kaffee: 3,00 Euro, Tasse Cappuccino: 3,50 Euro, Stück Torte: 4,20 Euro, Schlagsahne: 1,60 Euro

EINER TORTENLIEBE ALLER 27 SINNE GEWIDMET

Café Anna Blume

Kollwitzstraße 83
20435 Berlin (Prenzlauer Berg)

Das »Anna Blume« hat alles, was eine gute Konditorei haben muss. Auf ihrer überaus langen Tortenbar bieten sich gerade heute 18 üppige Kuchen an; es sind »zeitweise auch mehr«, sagt die Wirtin und lädt zu einem weiteren Besuch ein. (Abgemacht!) Alle Kuchen werden für das »Anna Blume« und das »SowohlAlsAuch« von einer zu den beiden Kaffeehäusern gehörenden »Tortenmanufaktur« gebacken. In die kann ein jeder durch das Auslagenfenster hineinschauen. Gerade sticht eine Konditorin Buttersterne aus, während ihr Kollege eine Torte mit bunten Marzipanfrüchten krönt.

Das »Anna Blume« lädt mit lang geschwungenen tiefen Sofas zum Verweilen ein; entschleunigt durch Behaglichkeit, was ja zu einer guten Konditorei gehört, in der man bequem sitzen, gucken und genießen möchte. Dazu gehört in der Regel ein zurückhaltendes, aber warmes Interieur: Hier im »Anna Blume« bewegen sich die Farben zwischen himbeerroten Polstern und dunklem Holz; wobei sich das Café auf die Tischbeine das Monogramm »AB« in Gold und mit Buchstaben im Stil der Gründerjahre setzen ließ. Herrschaftlich!

Auch mit den Lampen von der Decke weist das »Anna Blume« auf die zwischen Üppigkeit und Strenge changierende Inneneinrichtung zurück, wie sie dem gründergierigen Kaiserreich zugerechnet wird. Aus dem Rahmen fällt nur die dunkelrote Plüschecke am Ende des Gastraumes, die besser zu einem Massage- als zu diesem Tortentempel passen wür-

de. Hier hält vielleicht der Dada-Dichter Kurt Schwitters Hof, der mit seinem – genau hundert Jahre alt werdenden – Liebesgedicht »An Anna Blume« dem Café in Berlins Kollwitzstraße den Namen stiftete: »Oh Du, Geliebte meiner 27 Sinne, ich liebe Dir!«, beginnt Schwitters verständlich, wenn auch grammatikalisch anfechtbar, bevor er sich für Außenstehende in unverständlich expressiven Huldigungen an die Holde ergeht.

Wenn Schwitters Annas Namen »träufelt«, dann mag man gerade in einer Konditorei an Kuchensahne auf Torte denken. Doch es geht Schwitters nur um weichen Rindertalg, und dann: »Weißt Du es Anna, weißt Du es schon / Man kann Dich auch von hinten lesen / Und Du, Du Herrlichste von allen / Du bist von hinten und von vorne: A------N------N------A.« Die amerikanische Kellnerin kann erst recht nichts mit dem Poem anfangen; dabei ist die ganze Sache so ernst nicht ge-

meint. Dem Café ging es schließlich ursprünglich weniger um Anna als um Blume. Im zweiten, dem kleineren Gastraum zur Straße hin, hielt sich das Café für einige Zeit einen Blumenladen, so dass sich der Duft von Kaffee mit dem von Blumen mischte, was »Café Blume« einen besonderen Reiz verlieh.

»Doch leider lohnte sich diese Blumenhandlung nicht«, berichtet

die Wirtin. »Sie musste darum eingestellt werden.« Stattdessen sorge man für Blumenschmuck in den Nischen und auf den Tischen. Tatsächlich, da steht bisweilen steif und erhaben eine blutrote Orchidee: »Rot liebe ich Anna Blume, rot liebe ich Dir«, schmachtet Schwitters. Draußen vor dem Café verliert die alte Platane ihre Blätter; und im Sommer ist es schwer, hier einen Platz zu bekommen. Schwitters und der Prenzlauer Berg lieben ihre »Anna«.

TYPUS: Café-Restaurant, in die hauseigene Konditorei kann man durch ein Schaufenster hineinsehen, auf der gegenüberliegenden Straßenseite befindet sich das Schwester-Café »SowohlAlsAuch«

LOCATION: die Kollwitzstraße ist die Schlagader im Prenzlauer Berg, breite Bürgersteige, restaurierte Gründerzeitfassaden, kleine Läden und originelle Restaurants; das Café verfügt über einen geräumigen Außenbereich zur Straße hin, der komplett von Markisen überspannt ist

EINRICHTUNG: abwechslungsreich

SERVICE: freundlich und gut eingespielt, eher studentisch-professionell

KUCHENAUSWAHL: sehr groß, als wir dort waren: 18 verschiedene Torten

PRÄSENTATION DER TORTEN: zweckmäßig

TOILETTEN: ordentlich, aber eng, ohne Fenster

BARRIEREFREIHEIT: Zugang barrierefrei, Toilette ebenerdig

KAFFEEKULTUR: Standard

PREISE: Tasse Kaffee: 2,60 Euro, Tasse Cappuccino: 3,20 Euro, Tasse verlängerter Americano: 4,50 Euro, Stück Torte: ab 4,50 Euro

UNEITEL, ABER KÖSTLICH, SOWOHL SÜSS ALS AUCH SALZIG

**Kaffeehaus
SowohlAlsAuch**

Kollwitzstraße 88
10435 Berlin (Prenzlauer Berg)

Völlig unprätentiös: Vor der Konditorei stehen Biergartentische und Klappstühle unter grüner Markise. Bequem kann es da kaum werden. Drinnen immerhin ein wenig von Wiener Charme und Jugendstil mit roten Kunstledermöbeln, schweren Kronleuchtern und Kopien zweier Gemälde des österreichischen Malers Gustav Klimt von der Wiener Secession direkt auf die Wand gesetzt. Aber hier geht es auch weniger um das Ambiente; Frau Schüssler kommt jedenfalls nicht deswegen hierher. Die Lehrerin sucht das »SowohlAlsAuch«, das Kaffeehaus in der Kollwitzstraße mindestens einmal in der Woche auf, »weil der Kuchen so gut schmeckt«. Dann sitzt sie irgendwo allein an einem Tisch, draußen oder drinnen, und hat zunächst einmal wie jeder Gast die Qual der Wahl. Wo man in anderen Konditoreien gar nicht daran vorbeikommt, sich über die Kuchentheke zu beugen, kann man das reichhaltige Angebot im »SowohlAlsAuch« von der schwarzen Wand ablesen und darum faul und auf die Sahne hoffend – sitzen bleiben. Elf Sorten werden zu guten Zeiten angeboten: natürlich die Milchreistorte, die in diesem Hause legendär ist, Schokopraline-Torte, Karottenkuchen, Pfirsichschmand, Russischer Zupfkuchen, Käsebaiser und eine Ganachetorte. Was ist denn das? »Eine französische Spezialität vor allem aus schwarzer oder weißer Schokolade«, hebt die Bedienung an und erklärt aus dem Rezept. Auch die Bedienung hat sich dem Haus angepasst; sie arbeitet in Freizeitkleidung. Es hat schon etwas Bescheidenes, wenn auf diese schlichte Art die besten Kuchen vom Prenzlauer Berg angeboten werden und nur in Rivalität zum Café »Anna Blume« schräg gegenüber; denn beide werden von derselben und eigenen »Tortenmanufaktur« versorgt.

Noch ist Saison für Stachelbeertorte, auf der leider weniger Beeren als Baiser zu finden sind, was offenbar dem Zeitgeschmack geschuldet ist; denn in so ziemlich jeder Konditorei, in der wir die Stachelbeere im Kuchen genießen wollen, verbergen sich die Früchte schüchtern unter zu hohen weißen Eischaumwolken. Selbst am Prenzlauer Berg im hippen Berlin, wo man doch das wahre Gute zu suchen vorgibt, also die reine Frucht, und eine ganz besondere Klientel Station macht: Das ist die Mutter, die heute den Käsekuchen vorzieht, während das Töchterchen an der Himbeercremetorte nascht und noch ein Stück mit nach Hause nehmen will. Dann kom-

men Väter mit ihren Kindern auf der Schulter: Papa trinkt ein erstes Bier, die Kids dürfen Kuchen essen. Da drüben sitzen Frauen, die offenbar alle direkt aus dem Büro ins »SowohlAlsAuch« gekommen sind. Man spricht weder Deutsch noch durchgehend Englisch, sondern mehrere europäische Sprachen durcheinander und verwirrt damit zunächst auch die Kellnerin. Und dann sitzt da ein Maler, der einer Galeristin oder Mäzenin seine Eingebungen preist: »Das ist doch wahrlich Kunst! Oder?«

Seit 1998 lädt das Café-Restaurant »SowohlAlsAuch« seine Gäste ein. Das Haus trägt seinen Namen, weil hier nicht nur Torten und Kuchen, viele Teesorten und diverse Kaffees angeboten werden. Auch die andere Karte mit deftig Salzigem für das Frühstück oder dem Mittagstisch hat es in sich. Im Laden nebenan lassen sich die Köstlichkeiten auch für Daheim erwerben oder vom Service für das Catering nach Hause bringen.

Aber man darf sich von all der Vielfalt nicht verwirren lassen. Sie kommt in diesem etwas dunklen Ensemble bescheiden daher; eben auf Biertischen und im Freizeitlook. Mein Freund hält diesen Stil für »puristisch charismatisch« und schlägt beim Pfirsichschmand unbeirrt noch einmal zu.

Derweilen hat offenbar Frau Schüssler ihre Kuchen-Session für diesen Tag beendet. Sie hat nicht nur bezahlt, sondern die Kellnerin auch mit einem Witz beehrt. Die beiden Frauen schütteln sich vor Lachen. »Was hat die junge Frau schon von dem Geld; das gibt sie dem Wirt weiter; aber ein Witz bringt uns alle zum Lachen«, erklärt sie dem Neugierigen später und muss den Witz natürlich gleich noch einmal erzählen.

TYPUS: Café-Restaurant mit eigener Herstellung (Schwestercafé von »Anna Blume« gegenüber)
LOCATION: Ecklokal mit großem Außenbereich zur Straße; was das Café »Reinhard's« am Ku'damm ist (sehen und gesehen werden), ist das »SowohlAlsAuch« in Prenzlauer Berg
EINRICHTUNG: gemütlich
SERVICE: sehr freundlich, schnell per Du (das ist ortsüblich)
KUCHENAUSWAHL: ca. 11 Torten aus der hauseigenen Konditorei im Angebot
PRÄSENTATION DER TORTEN: großes Display
TOILETTEN: im Untergeschoss
BARRIEREFREIHEIT: ein Zugang zum Gastraum ist barrierefrei, zu den Toiletten nicht
KAFFEEKULTUR: Siebträgermaschine
PREISE: Tasse Kaffee: 2,70 Euro, Tasse Cappuccino: 3,40 Euro, Stück Torte: 4,00–4,60 Euro, Schlagsahne: 1,00 Euro

24 TORTEN GEGEN EINEN STREIT

Bravo Bravko
Kuchenwerkstatt
Lausitzerstraße 47
10999 Berlin (Neukölln)

Bravo Bravko ist der kroatische Onkel, der seiner Kuchenwerkstatt den Namen gab; aber hinter der Tortentheke steht
sein türkischer Neffe. Im Kreuzberg seiner Elterngeneration
habe man nicht weiter zwischen einem katholischen Kroa-
ten und einer muslimischen Türkin unterschieden, als seine
türkische Tante einst den Onkel vom Balkan heiratete: »Das
waren damals alles Ausländer; Fremde, die im fremden Berlin
zusammenhalten mussten,« sagt der junge Mann unbeküm-
mert und liftet ein Stück Schokomousse-Himbeere auf den
viereckigen Teller. Ja, im »Bravo Bravko« sind die Teller nicht
mehr rund. In der zweiten Generation ist überhaupt nur noch
der überkommene Name von damals; im Übrigen hat sich
die Werkstatt von allen balkanisch-anatolischen Ursprüngen
gelöst und bietet einfach nur die besten Torten mitteleuropäi-
scher Provenienz im Kiez um die Lausitzer Straße an.
Die Einrichtung kann es schließlich nicht sein, die am Nachmittag vor allem Trauben von Jugendlichen in die Kuchenwerkstatt spült, um sich einer süßen Verführung zu ergeben.
Denn in dieser Kuchenwerkstatt sieht es fast so unterkühlt
aus wie in einer Schlachterei: Die Thekenwand ist gefliest;
die Backgerätschaften aus Blech und die fahrbaren Blech-
regale für die Torten stehen für jeden offen sichtbar und
werden nicht etwa durch plüschige Gardinen für den Besucher verbrämt. Die etwa zwanzig Stühle an den zwei gro-
ben langen Holztischen sind aus Metall. Schon fleckig, aber

leicht abwaschbar. Da wirken die zwei Sträuße mit freilich achtlos reingestopftem Grünzeug auf den Tischen schon wie Verirrung. Das Gestrüpp nimmt den Blick und stört die Kommunikation, fordert doch der je gemeinsame Tisch unweigerlich zum Gespräch mit Fremden heraus. Die »Bravo Bravko Kuchenwerkstatt« legt, wie der Begriff von der Werkstatt schon sagt, keinen Wert auf Schmuck. Von »Freestyle«, spricht dagegen der türkische Gastgeber.

Dafür backen mit dem Chef nicht zuletzt vier taubstumme Frauen hinten in der Manufaktur beste Torten, die selbst bittere Streitgespräche etwas versüßen können. Das Pärchen hinten in der Ecke ist sich gerade gram, weil es über die Planung des gemeinsamen Lebens unterschiedliche Auffassungen hegt. Die Alternative heißt Kind oder Arbeit. Diesmal will der Mann das Kind und gewiss für ein Jahr auch bei seinem Job aussetzen. »Das wird deine gesamte Karriere in Gefahr bringen«, hält seine Frau entgegen. Familie habe Priorität, findet er aber und nimmt sich ein Stück seiner Torte. »Probier mal!« Sie tut's. Es könnte sich um französische Mandel-Apfel-Tarte handeln oder vielleicht um Mandel-Nuss-Karamell? Jede Torte wirkt hier bestenfalls versöhnlicher als der Mistelzweig über dem Fenster. Der soll ja eigentlich für die ewige Liebe und glückliche Ehe selbst ohne Bodenhaftung stehen, aber bei »Bravo Bravko« ist er welk, blass, verstaubt und längst schon leblos geworden.

Vierundzwanzig frische Torten verheißen dagegen offenbar mehr Leben. Fünf Englisch sprechende junge Damen lassen sich gerade am Nebentisch nieder. Zu verschiedenen Tees

wählen sie sich einen Käsekuchen, der glutenfrei ist, »Orientalische Orange« ohne Laktose. Einen veganen Karotten-Nuss-Kuchen und zwei Stück Apfel-Nuss, auch vegan. – Wie es sich für eine Werkstatt gehört, werden bei »Bravo Bravko« übrigens kaum Geheimnisse gemacht. In der Käsetarte sind Vollei, Zucker, Vanille, Salz, saure Sahne, Quark, Schmand und Mehl. Das steht da für jedermann auf einem Zettel an der Wand. »Ihr könnt das ja mal selber zu Hause ausprobieren«, frotzelt der Türke und lacht verschmitzt, während er den nächsten Schub junger Leute mit Kuchen versorgt. Die Kunden bestellen, bekommen, bezahlen, setzen sich hin und – genießen.

TYPUS: alternatives Konditorei-Café, Neukölln-Feeling inklusive, internationales, meist junges Publikum, Mützen werden hier nicht abgenommen, auch nicht im Sommer

LOCATION: wahrscheinlich ehemalige Fleischerei, 4 m hohe Räume mit Reststuck, hinter der Theke ist erkennbar, dass dort die Torten hergestellt werden; neue, weiße Kacheln bis 2,50 m, stapelweise Tortenformen im Verkaufsraum

EINRICHTUNG: originelle französische Gartenstühle aus Metall im Shabby Look an zwei riesigen, ca. 8 qm großen Tischplatten aus massivem Holz, die auf Rollen stehen; Zwang zur Kommunikation, da man sonst seinen Platz nicht erreicht; vor dem Laden auf dem Bürgersteig: Biertische und -bänke mit (!)Tischdecken

SERVICE: Selbstbedienung

KUCHENAUSWAHL: mehr als 20 Torten

PRÄSENTATION DER TORTEN: in Kühltheke auf drei Ebenen

TOILETTEN: nagelneu, weiß gefliest, fensterlos

BARRIEREFREIHEIT: 2 Stufen zum Laden, von dort Zugang zur Toilette barrierefrei

KAFFEEKULTUR: alles, was ein moderner Kaffeeautomat hergibt

PREISE: Tasse Kaffee: 1,80 Euro, Tasse Cappuccino: 2,50 Euro, Stück Torte: 3,50 Euro, Schlagsahne: gab's an dem Tag nicht

IM STACHELBEER-SAHNE-HIMMEL

Schönes Café

Dieffenbachstraße 54
10967 Berlin (Kreuzberg)

Wir sind eigentlich nur wegen der Stachelbeer-Sahne-Baiser-Torte im »Schönen Café« bei Esther Cremer und wollen nichts anderes probieren. Als wir die ohne Zaudern bestellen, guckt sie etwas missgünstig; so als wollten wir die anderen Kuchen aus ihrem Angebot hinter dem Glas in der Kuchenrotunde nicht einmal eines Blickes würdigen. Dabei soll man im Leben doch stets Schwerpunkte setzen; und das »Schöne Café« in der Dieffenbachstraße vom Graefekiez nicht weit der Hasenheide setzt selbst dieses Ausrufezeichen. Dieser Kuchen lockt übrigens gerade auch das junge Paar mit seinen zwei Kindern an, die sich freilich nach unserer Bestellung mit den letzten zwei Stücken des Tages begnügen müssen.

Wenn man also schon über das holprige Kopfsteinpflaster in diesen Kiez gelangt, in dem es noch immer Geschäfte gibt, in denen der Kunde auf ein Pläuschchen hoffen kann, bei der »Blumen-Eva«, beim Antiquar oder dem »Lakritz-kadó«; dann muss man einfach eine Baiser-Pause einlegen.

Während der Gast in guten Zeiten in dem kargen, aber ansprechenden Raum mit seinen etwa zwanzig weißen Holzstühlen und Hockern genießt, muss Esther Cremer schuften. Im Sommer wird auch draußen serviert.

Vier Mitarbeiter haben hier neben der Chefin noch zu tun; denn das »Schöne Café« trägt seinen Namen davon, dass man es seinen Besuchern schön, also ansprechend, rein, entspannt und eben altdeutsch »scheen« machen will. So wie diese Torte, die auf das Rezept von Hannchen Nansen zurückgeht, eine längst verstorbene Tante mit einem etwas anderen Rezept, das diese leidenschaftliche Bäckerei Esther für heute angepasst hat; mal mit Erdbeeren, mal mit Stachelbeeren oder Apfel – je nach Jahreszeit.

Seit 2008 arbeitet Esther Cremer in dem Kaffee. Sie war erst Mitarbeiterin in der Küche. Dann musste die Eigentümerin aus Gesundheitsgründen aufgeben, und »alles lief auf mich hinaus«, erzählt die schmale Frau mit ihrem zurückhaltenden Lächeln. Zwei Kinder muss sie ernähren; und das schafft sie auch. Denn sie ist gut; und das Metier liegt ihr im Blut. Auch wenn sie »nur« eine Ausbildung als Restaurantfachfrau hat, so ist sie doch in ihrer Familie die fünfte Generation im Backgewerbe. Esther Cremer hat von ihrem »Opa« das Handwerk gelernt. Dessen Meisterbrief hängt über der Tür zur Küche.

»Unsere Idee ist, dass wir es unseren Besuchern schön machen wollen – und nicht nur mit Kuchen!«, sagt sie, so als wolle sie noch einmal unsere einseitige Wahl des Baisers ahnden. Ein früherer Gast hebt im Internet ihre Pancakes in allen Arten in den Himmel (»best pancakes in town«), mal mit Camembert sowie Preiselbeeren oder Himbeeren mit Zartbitterschokolade und vieles mehr. Es gibt aber

für etwa sechs Euro jeden Tag auch ein Mittagsgericht mit Fleisch oder vegetarisch. »Schlicht, alles von uns gemacht.« Das »Schöne Café« drängt sich nicht auf. Statt eines Goldenen Backlöffels oder Bäckerhuts hängt ein bestickter Kopfkissenbezug mit Rüschen draußen über der Tür. Das gehört auch zum Stil des Hauses: man gibt sich bescheiden, aber herzlich; kein WLAN und keine Zeitungen. Hier soll man sich unterhalten, wie es jetzt diese neue Kundin tun möchte, die dem Fotografen Tipps für vermeintlich bessere Einstellungen zu geben sucht. »Ich bin hier oft«, erklärt sie dazu; und wer von den direkten Nachbarn mal gerade nicht bezahlen kann, darf auch anschreiben. Um 17 Uhr wird geschlossen.

TYPUS: Szenecafé, im Graefekiez, eigene Tortenherstellung, mit kleinem Mittagstisch, angeblich mit dem besten Pancake in Town

LOCATION: winziges Ladenlokal mit Tischen und Stühlen auch auf dem breiten Gehweg unter den alten Platanen der Dieffenbachstraße mit ihren vielen reinrassigen, z. T. verrotteten und beschmierten Gründerzeitfassaden

EINRICHTUNG: Mini-Gastraum mit Blickkontakt zur Küche und zum Küchenpersonal

SERVICE: sehr nette, studentische Bedienung

KUCHENAUSWAHL: 3 Standardtorten: die Erdbeer-Stachelbeer-Baisertorte macht tortensüchtig

PRÄSENTATION DER TORTEN: gekühlter Showcase auf dem Tresen

TOILETTEN: eng, mit Tapete zum Hingucken

BARRIEREFREIHEIT: es gibt 2 Stufen zum Laden, Toilette ebenerdig

KAFFEEKULTUR: mit einem Glas Wasser

PREISE: Latte macchiato: 3,20 Euro, Tasse Cappuccino: 3,20 Euro, Stück Torte: 3,20 Euro, Schlagsahne: inkl.

IN DER TRADITION DES UNTERGEGANGENEN KRANZLER

Reinhard's am Kurfürstendamm

Kurfürstendamm 27
10719 Berlin (Charlottenburg)

Die junge Frau im kurzen schwarzen Rock, aber mit langem blondem Haar hat offenbar gerade noch rechtzeitig den Treffpunkt erreicht· das Straßencafé »Reinhard's am Kurfürstendamm«, Ecke Fasanenstraße. Sie setzt sich jedenfalls leicht echauffiert an einen der runden Marmortische, kämmt kurz ihr Haar nach und nestelt in ihrer Tasche nach dem Handy, drückt hastig einen Kontakt, horcht in das Gerät – aber niemand antwortet. Das bringt den Kellner auf den Plan: »Was darf ich Ihnen bringen?« Der junge Ober trägt »Reinhard's«-Uniform – dunkle Schürze über weißem Hemd – und wartet. Sie aber hört ihn zunächst nicht. Erst als sie das Handy auf den Tisch gelegt hat, richtet sie ihre Mandelaugen zum Kellner und bestellt »die Zitronentarte und einen Cappuccino; aber besonders heiß, bitte«. Über diesen Sonderwunsch ein wenig verdutzt, aber freundlich lächelnd nimmt der Mann die Bestellung auf; »Natürlich, herzlich gerne!«

Das »Reinhard's« liegt nur einen Block vom früheren »Kranzler« entfernt. Einst durfte in keinem Berlin-Führer jenes traditionsreiche Café am Ku'damm fehlen, und zumindest Ältere erinnern sich vielleicht noch an Pressefotos von West-Berlins schönen Frauen – allen voran die junge Schauspielerin Hildegard Knef, wie sie sofort nach dem Krieg beim Ersatzkaffee, einem Muckefuck, im »Kranzler« ersten Nachkriegsschick in die Ruinen trugen. Heute versteckt sich das »Kranzler« zwar noch am alten Platz, jedoch in der dritten Etage und schrumpfte zur Cookie-Bar »Barn«. So trat das »Reinhard's« das Erbe jenes einst ehrwürdigsten Straßencafés in Charlottenburg an und ist das einzige mit Niveau und einem Flair von Champs-Élysées.

Bei »Reinhard's« zaubern in der Regel zwei Konditoren jeden Tag neben der Zitronentarte eine Vielzahl von Torten und Kuchen. Das lohne sich nur, weil das Café und Speiserestaurant zu einer Hotelkette gehört, heißt es. Auf dem geschäftigen Ku'damm so eine Oase der Ruhe vorzuhalten, in der der Gast bei einem guten Kaffee oder einem traditionell aufgebrühten, wirklich heißen Tee im Sieb die Zeitung mit Behagen lesen kann, wäre wirtschaftlich sonst ein Risiko. Aber so ein Platz dient andererseits dem Prestige und lockt vor allem ältere Kunden mit Freude am Kaffee und Kuchen, und weniger jene an, die bei einer längst leeren Mokkatasse an ihrem

PC arbeiten. Im »Reinhard's« gibt es zwar WLAN, doch der Hinweis darauf ist schwer zu finden.

Aber es gibt eben auch die andere Klientel; die ist anspruchsvoll und wünscht sich zum Beispiel einen besonders »heißen« Cappuccino, was freilich einen Barista in Rom nicht verdutzen würde. Dort sind solche gerechtfertigten Sonderwünsche an der Tagesordnung. Vielleicht ist diese Klientel in Berlin geradezu der Garant dafür, dass sich so ein Straßencafé hält. Hier darf man eitel sein, einen besonderen Wunsch äußern, kann sich zeigen und sehen lassen. Hildegard Knef trug dazu noch im warmen Nachkriegsfrühsommer 1945 einen dicken Winterpelz. Die junge Frau heute kämmt nochmals ihre Haare. Längst hat der Ober den Cappuccino und die Torte gebracht. Das Getränk war offenbar wirklich heiß. Sie zuckte beim ersten Kontakt der Lippen mit dem Kaffee zurück. Aber diese junge Frau im kurzen schwarzen Rock und mit langem blondem Haar erhält weder Rückruf noch Besuch. Da sitzt sie nun, die letzten Krümel essend, und streicht ihre Lippen mit dunklem Rot nach. Sie hätte sich nicht so zu beeilen brauchen. »Wollen Sie vielleicht noch einen Cappuccino?« Der junge Ober gibt sich beflissen; er findet nun Gefallen an der Lady. Sie aber zögert, winkt ab. Da fährt ein offener Porsche

auf der Fasanenstraße heran und hält Ecke Ku'damm im Parkverbot. Der Fahrer pirscht sich durch die Menschen zur einsam jungen Frau durch und bittet auf Russisch um Entschuldigung. »Iswinitje; wir müssen los.« Der Kellner guckt ihr nach und räumt das Geschirr auf sein Tablett.

Reinhard's am Kurfürstendamm

TYPUS: Café-Restaurant, das letzte große Restaurant und Café mit Bedienung und Tischen AM Ku'damm, baulich in das Hotel Bristol (vorm. Kempinski) integriert, Restaurant unterscheidet sich vom Café durch weiße Tischdecken und gestärkte Servietten, auch draußen;

LOCATION: drei Reihen Kaffeehaustische Ecke Ku'damm/Fasanenstraße mit ein wenig Champs-Élysées-Feeling: sehen und gesehen werden

EINRICHTUNG: normale Kaffeehausbestuhlung, Tische stehen solide, mit schwerem Fuß

SERVICE: professionell, schwarz-weiß gekleidet, umsichtig, sympathisch und schnell, dezente Berliner Schnauze inklusive

KUCHENAUSWAHL: sehr große Auswahl an selbst hergestellten Torten

PRÄSENTATION DER TORTEN: die großen Tortentheken finden nur Insider

TOILETTEN: im Untergeschoss

BARRIEREFREIHEIT: Zugang zum Café barrierefrei, Toiletten im Hotel Bristol sind barrierefrei erreichbar

KAFFEEKULTUR: Kaffee wird mit einem Glas Wasser serviert

PREISE: Tasse Kaffee: 3,90 Euro, Tasse Cappuccino: 4,80 Euro, Stück Torte: 5,80 Euro

BERLINS WIENER HERAUSFORDERUNG

Café Einstein
Unter den Linden

Unter den Linden 42
10117 Berlin (Mitte)

Eigentlich müsste das »Café Einstein Unter den Linden« anders heißen — es ist losgelöst von der wirtschaftlichen Verbindung zum Stammhaus dieses Namens in der Kurfürstenstraße. In der Konditorei auf Berlins Prunkmeile an der Ecke zur Neustädtischen Kirchstraße gibt in Backstube und Küche auch nicht der alte Einstein, sondern allein Österreichs Hauptstadt Wien den Ton an. Damit ist dies »Café Einstein« die heimliche Herausforderung der k. u. k. Monarchie an Preußens alter Herzallee. Freilich hält hier keine Erzherzogin wie Maria Theresia Hof gegen einen wie den alten Fritz im Schloss am Ende der Allee; zum Glück unterlag nun einmal die eine dem anderen in viel zu vielen Schlachten. Wohl aber muss sich in diesem Café ein jeder Berliner dazu bequemen, in österreichische Usancen einzutauchen.

Schon bei der Kaffeeauswahl steht der Brandenburger vor schwierigen Entscheidungen: Soll er einen »Überstürzten Neumann«, also laut Speisekarte »Schlagoberst – (ein an der Spree ungewohnter Begriff) mit einem doppelten Espresso« trinken oder gar einen »Fiaker« (eine Kutsche)? Dies Gebräu mag einen allerdings wirklich in Bewegung setzen, weil dem Kaffee neben Schlagsahne auch ein Gläschen Rum beigefügt wird. Und dann auch noch die große Auswahl an Kuchen. Gut, dass vorne hinter dem Spuckglas die Käsetorte lockt. Dieser prominente Platz wird schon seinen Grund haben; und tatsächlich erweist sich das bodenlose Prachtstück als

locker, cremig, sanft ... und für die schlanke Linie äußerst nahrhaft.

Freilich kommt man im »Café Einstein« selten zu einsamen Tortengenuss; denn diese Institution beim Regierungsviertel und nah zu vielen Botschaften ist aus gutem Grund und schon traditionell Treffpunkt der Politiker, Diplomaten und Lobbyisten, die sich hier gerne in den hinteren Teil des Cafés zurückziehen, wo sie von eleganten Kellnern in weißen langen Schürzen und mit schwarzer Fliege um den Hals kenntnisreich betreut werden. »Neumann« und »Fiaker« wollen schließlich erklärt werden; und was es mit dem stets rasanten Absatz findenden Apfelstrudel auf sich hat, auch. Überhaupt gibt es wohl kaum eine Konditorei in Berlin, in der das Personal mit so viel Nachsicht und Geduld erklärt und ohne Berliner Schnauze amtiert.

Man muss Geduld mit Brandenburgern haben. Denn mit dem Kaffee geht es erst los. In den Kellern dieses Cafés entsteht auch Berlins bestes Wiener Schnitzel, und gegen Winter schlachtet der österreichische Koch Enten aus Bokelholm, um sie knusprig zuzubereiten und mit Wiener Erdäpfelknödeln im Majoransaft zu servieren. Bokelholm liegt übrigens nicht bei Wien, sondern bei Eckernförde; und wer dieser Herausforderung nicht gewachsen ist, sollte sich allemal zur Teezeit mit einer Auswahl von Scones sowie einer Kanne Tee hinter der »Frankfurter Allgemeinen Zeitung« zurückziehen, die hier ihren Berliner Stammplatz hat. Diese Zeitung passt im Übrigen zu jedem guten Kaffeehaus!

TYPUS: »österreichisches Restaurant«, eigene Konditorei, Treffpunkt von Parlamentariern und Lobbyisten; hier soll es angeblich das beste Wiener Schnitzel geben
LOCATION: oberes Ende von Unter den Linden
EINRICHTUNG: stilvoll, solide, aufgeräumt
SERVICE: hoch professionell mit seriösem Personal in einheitlicher Dienstkleidung, freundlich, zuvorkommend und distanzwahrend (für Berlin eher ungewöhnlich)
KUCHENAUSWAHL: ca. 10 Torten, überwiegend französische Tartes, Spezialität: Apfelstrudel mit Vanilleeis und -soße oder mit Schlagsahne
PRÄSENTATION DER TORTEN: zweckmäßig
TOILETTEN: zweckmäßig, im Untergeschoss mit Treppe, Handwaschbecken ohne warmes Wasser
BARRIEREFREIHEIT: Zugang barrierefrei, Toiletten im Untergeschoss mit Treppe
KAFFEEKULTUR: streng österreichisch; was man beim Kaffee unter einem »überstürzten Neumann« versteht, muss man erfragen oder erfahren
PREISE: Café mélange/Cappuccino: 4,80 Euro, Tasse verlängerter Americano: 4,50 Euro, Stück Torte: ab 5,00 Euro, Schlagsahne: 1,50 Euro

GELASSEN,
ABER NEUGIERIG

Café im Literaturhaus

Fasanenstraße 23
10719 Berlin (Charlottenburg)

Die Freundin aus Israel kennt in Berlin bisher nur dieses Café im Literaturhaus an der Fasanenstraße. Sie habe nicht nur an den Garten davor schöne Erinnerungen. Unten im Buchladen habe sie einmal eines ihrer Bücher vorstellen dürfen und Wochen später nebenan im Auktionshaus »Grisebach« einen geistreichen Empfang erlebt. »Aber am meisten hat mir am Literatur-Café diese holzgetäfelte Einrichtung auf knarzendem Parkett imponiert.« Da habe sie an das Berlin ihrer deutschen Urgroßeltern gedacht. Sie überkomme in diesem Café stets eine sonderbare Stimmung aus zeitloser Gelassenheit und Neugier.

Die Freundin aus Tel Aviv ist aus ihrer israelischen Heimat nicht gerade mit dem Chic des 19. Jahrhunderts vertraut. Aber auch für Berliner ist dies »Café im Literaturhaus« eine Besonderheit, bei dessen Besuch sich unwillkürlich die Assoziation einstellt, diese Villa neben dem Kurfürstendamm habe einmal einer jüdischen Familie gehört und sei unter den Nazis arisiert worden. Meine israelische Freundin will diese Vorstellung aber nicht näher verfolgen, sie fragt vielmehr die Kellnerin, was der Unterschied zwischen einem Milchkaffee und einen Cappuccino sei, während ich mich für das Tortenangebot interessiere. Die Auswahl ist groß, und ich entscheide mich für die Himbeercremetorte.

Da sich das Personal in seiner schwarzen Dienstkleidung unscheinbar gibt, verweilen — wie bei der Freundin — auch meine Augen weiter auf dem Interieur: die dunklen schweren doppelflügeligen Holztüren sowie die modern angestrahlte Decke mit ihrem üppigen Stuck in vier Meter Höhe. Auf der graugrünen Wand hängt gerade eine Ausstellung von Acrylgemälden junger Frauen, von denen eine genauso neugierig in das Café schaut wie meine Freundin. »Das könnte ich sein«, findet sie dann auch und zeigt auf jenes Acrylmädchen im hellgrünen Pulli, dessen Ponyschnitt pechschwarzer Haare die Augen gerade noch frei lassen; ihr Kinn stützt sie auf ihrer rechten Handfläche ab und schaut. »Dieses Gucken finde ich wunderbar«, ergänzt die Freundin, »Man weiß nicht recht, ob dies Mädchen neugierig ist oder nur aufmerksam. Sie ist aber gewiss ganz da!« Ein wenig unsicher scheint sie bei ihrem Schauen aber schon zu sein; der Ring an ihrem Finger ist aus Silber.

Seit 1986 lädt das Café in diese Villa, die mit der Buchhandlung und dem Literaturhaus eine Insel der Besinnung unweit des betriebsamen Kurfürstendamms darstellt. Natürlich kehren hier auch die Schönen und Reichen ein, um sich von ihrem Kaufrausch auf dem Ku'damm bei Gucci Hermès und Co. zu erholen. Aber das Café gehört vor allem den Bildungsbürgern, die in gerade erworbenen Büchern schmökern oder sich in die Zeitung vertiefen wollen. Und dann kommen auch die Galeristen der Fasanenstraße, wenn sie mit einem Kunden handelseinig geworden sind und darauf mit einem Prosecco anstoßen möchten.

Sie habe bei ihrem ersten Besuch im Literaturcafé ihren Verleger kennengelernt, erzählt mir die Freundin. Der habe dann von diesen typischen West-Berliner Flair gesprochen, von dieser Mischung aus der Sicherheit in schwarzem Holz und goldenem Stuck und dem unruhigen Erstaunen über diese Welt: »Ein bisschen gucken wir doch alle wie dieses Acrylmädchen mit seinen aufgerissenen Augen und haben dennoch den Eindruck, nicht alles um uns herum zu sehen und deuten zu können.«

Die Kellnerin hat längst abgeräumt, als wir noch einmal nachbestellen. Die Israelin wählt französische Sardinen, und ich bestelle mir einen Käseteller, und dazu trinken wir beide einen französischen Weißwein. Derweil haben die letzten Gäste den Wintergarten verlassen, der am früheren Nachmittag noch so lockte, als sich dort wärmend winterliche Sonnenstrahlen verloren. Jetzt aber dunkelt es; und es ist dort deutlich kühler als drinnen unter den Augen des neugierigen Mädchens aus Acryl.

TYPUS: Café-Restaurant, »gehobenes« Publikum
LOCATION: Oase der Ruhe und Schönheit 50 m vom Ku'damm entfernt, großzügige, 4 m hohe Räume mit üppigem Stuck, Berliner Parkett, geschmackvolle Farbgebung und Dekoration, idyllischer Kaffeegarten im Schatten alter Bäume
EINRICHTUNG: stilvoll und dezent
SERVICE: professionell und freundlich
KUCHENAUSWAHL: üppige Kuchenauswahl, die von der »Konditorei Rabien« bezogen wird
PRÄSENTATION DER TORTEN: im Tresen, übersichtlich dargeboten
TOILETTEN: im Untergeschoss mit Treppe
BARRIEREFREIHEIT: nur der Garten ist barrierefrei erreichbar, Wintergarten, Terrasse und Gasträume erreicht man über eine Freitreppe
KAFFEEKULTUR: Standard
PREISE: Tasse Kaffee: 3,40 Euro, Tasse Cappuccino: 3,70 Euro, Stück Torte: 3,00–4,50 Euro, Schlagsahne: 1,00 Euro

SO SCHÖN HABEN
ES BERLINER SELTEN

Teehaus im
Englischen Garten

Altonaer Straße 2
10557 Berlin (Tiergarten)

So etwas Schönes wäre den Berlinern wohl nicht eingefallen. Die kleine Oase mit Geschmack ist für die Stadt an der Spree viel zu elegant. Britische und amerikanische Besatzungsoffiziere waren es, die 1951 die Kriegsgebeutelten unverdient mit dem Englischen Garten und seinem »Teehaus« beschenkten: Der Standortkommandant Seiner Königlichen Majestät stiftete das »Gehölz« aus dem Garten von Windsor Castle, und ein amerikanischer General ließ es pflanzen. Auf einer Plakette zur Terrasse steht zu Bäumen und Büschen weiter: »Sie waren ein Zeichen der Verständigung und bildeten den Grundstock für die Wiederherstellung dieses Teils des Tiergartens.« So öffnet sich mitten in Berlins zentraler Gartenoase und nahe zur Residenz des Bundespräsidenten, dem Schloss Bellevue, eine eigentümliche Lichtung mit dem barock anmutenden Parkstück, das auf ein unscheinbar wirkendes, aber einladendes Haus ausgerichtet ist. Auch dies mit Reet gedeckte und drinnen mit seinem Kamin und den roh verputzten Wänden versehene Haus passt weniger zu Berlin als nach England.

Auf Fotos aus den Jahren nach dem Zweiten Weltkrieg lässt sich erahnen, wie zerstört der Tiergarten war. Erst hatten die Truppen ihn schießend durchkämmt, dann hatten Feuer ihn verwüstet, und schließlich holten sich daraus die Anwohner im Kältewinter 1946/1947 das Holz für Heizung und Küche. Erst die Alliierten brachten endlich wieder friedlich grüne Harmonie zurück, der auch dieser seit damals hoch gewachsene Ginkgo am Rande des Ensembles nichts anhaben kann, selbst wenn seine Früchte gegen Herbst einen an Schwefel erinnernden Gestank verbreiten. Alle Blicke richten sich vielmehr von der mit Holz oder Kopfsteinpflaster belegten Terrasse auf das Barockgärtchen, auf die Rosen dort, andere Blumen und die niedrigen Hecken aus Buchsbaum; verträumt schauen wir auf die sechs kleinen Wasserfontänen und wundern uns, dass man so mitten in Berlin Urlaub von Berlin nehmen kann.

Das geschieht dann vielleicht bei einem New York Cheesecake, der in einem Haus mit diesem Namen am besten mit einer der 18 Teesorten verspeist werden sollte – anstatt mit Kaffee. Dieser amerikanische Käsekuchen sei etwas schwerer als der deutsche, gibt der elegante Kellner in professionell schwarzer Hose mit Hosenträgern und weißem Hemd zu verstehen; dafür aber deutlich würziger.

Dabei schaut der Genießer ein wenig verliebt auf die fahrbare Glasvitrine, die am Rande der Terrasse weitere Köstlichkeiten anbietet. Ob die nicht alle in der Sonne vergehen? Nein, der Kasten sei gekühlt, sagt der Kellner. Jede Torte sei im Haus gemacht und stets frisch; denn am Abend sei meist davon nichts mehr für den kommenden Tag übrig, ergänzt er. Man gibt sich zufrieden und bestellt – Cheesecake.

Von der nahen Altonaer Straße – einer der verkehrsschweren Achsen, die von der Siegessäule ausgehen – ist trotz des Berufsverkehrs zu dieser späten Nachmittagsstunde kaum etwas zu hören. Eine sonderbare Ruhe legt sich über den Blick, wie aus der Zeit gefallen. Ähnlich wie diese alterslos erscheinende Dame mit ihrem Sommerhut am Nachbartisch. Dass sie keine weißen Wildlederhandschuhe bis zu den Oberarmen trägt, verwundert. Die würden gut zu ihr passen. Vielmehr trägt die Dame eine schwere Perlenkette und dazu passende Perlenohrringe. Sie hat sich in die Bistrokarte des Teehauses vertieft. Man würde sie gerne zu einem »Veuve Clicqot Ponsardin Brut« einladen oder einem Champagne Ruinart? Auf keinen Fall zu einem Bier!

Derweilen stören zwei Freundinnen mit einem Pinscher von einem anderen Tisch den Augenblick. Sie kichern nämlich

laut und zeigen auf einen Köter, der in den barocken Rabatten sein Geschäft verbuddelt. Doch zurück: Die Dame bestellt sich einen Earl-Grey-Tee. Zudem wagt sie es, in feinem Englisch nach Scones zu fragen. »Oder haben sie vielleicht auch Cucumber-Sandwiches?« Ja, die gebe es ebenfalls. Der Kellner ist nicht eine Spur über diese an Oscar Wilde erinnernde Szene verwirrt; und die wohl aus vergangenen Zeiten übrig gebliebene Britin ist zufrieden. Sie bekommt ihren High Tea mit einer Etagere voller Scones und Sandwiches – und das mitten im Brandenburger Land? Wundersam!

Nicht verschwiegen werden darf, dass diesem eleganten Platz am Park ein Biergarten angelehnt ist, in den sich jene Dame wohl nie verirren würde. Dort rockt bisweilen das mittelalterliche Berlin, wenn es die Zeiten erlauben. So stand da einmal Della Miles und soulte mit ihrer Stimme aus Samt und Seele

die Gemüter auf. Die Dame hingegen kommt vielleicht im Winter wieder. Dann dürfte sie sich drinnen in die Nähe des knisternden Kamins verziehen; und wenn sie wirklich weitere altbritische Klischees erfüllen will, würde sie in einen Roman der Jane Austen versinken – nun bei einem Rauchtee, Scones, Sandwiches und einem Sprudelwasser. Oder vielleicht doch ein Prosecco, auf unsere Rechnung?

TYPUS: Café-Restaurant (Service, auch auf der Terrasse) und Biergarten (Selfservice), Torten werden zugeliefert

LOCATION: reetgedecktes Landhaus mit großer Terrasse mitten im Tiergarten, in einem (für Berliner Verhältnisse) sehr gepflegten Ziergarten, eine Oase, Nähe Siegessäule, inmitten der Großstadt, einmalig schön und ruhig, erinnert an den Palmengarten in Frankfurt

EINRICHTUNG: zentral: ein großer Kamin

SERVICE: professionell

KUCHENAUSWAHL: begrenzt

PRÄSENTATION DER TORTEN: in einer mobilen, gekühlten Glasvitrine

TOILETTEN: Standard, kein warmes Wasser am Handwaschbecken

BARRIEREFREIHEIT: mehrere Stufen zur Terrasse. Rampen für Rollstuhlfahrer vorhanden, von dort an, auch Toiletten, ebenerdig

KAFFEEKULTUR: Standard, umfängliche Teeauswahl

PREISE: Tasse Kaffee: 2,80 Euro, Tasse Cappuccino: 3,20 Euro, Stück Torte: 4,20 Euro

DIE KLEINE CAFÉ-OASE MIT FILMRUHM

Café Kredenz

Kantstraße 81
10627 Berlin (Charlottenburg)

Das ist wohl dasselbe gehäkelte Deckchen an der Glasvitrine beim Tresen, und die rot-grau gepolsterten Stühle stehen da wirklich im »Café Kredenz«. Gerade mal zwanzig Plätze kann dieser »Tortenladen« (zu guten Zeiten) bieten, aber die Mini-Oase an der lärmenden Kantstraße kennt man gleichwohl bis nach Israel. Klein, aber weltbekannt ist mithin dies Café. Das schaffte der deutsch-israelische Film »The Cakemaker« von Ofir Raul Grazer. In ihm verliebt sich ein junger israelischer Geschäftsmann über Cakes und Torte in einen Berliner Filmkonditor, und es beginnt eine innige Beziehung, die aber viel zu schnell und tragisch mit seinem Unfalltod in Jerusalem endet. Alles Weitere, noch mehr Liebe und Leid in diesem Film, möchte man in der Café-Oase nicht zur Kenntnis nehmen. Vielmehr schlägt die »Kredenz«-Behaglichkeit aus Biedermeier und nachgeahmtem Barock den Besucher in ihren Bann, so als könne das Hufeisen über der Tür tatsächlich seine Wirkung entfalten und vor jener feindlichen Welt da draußen schützen. Denn obwohl der Gast direkt durch die Fenster den Verkehr vorbeibrausen sieht, hastende Menschen zu Fuß oder auf dem Rad – zwischen Stuck und Glas, zwischen Väschen für Blumen und Töpfchen für Zucker – verharrt er lieber in der Muße einer Tortenpause und rührt mit silbernem Löffelchen seinen Kaffee mit ein wenig Zimt.

Freilich ist es kein Berliner Konditor, der hier – wie im Film – seine Tortenkunst offeriert; im »Café Kredenz« herrscht viel-

mehr die Polin Pani Maria, die sich als gute Gastgeberin in ihrem privaten Salon gibt, distanziert, aber interessiert, distinguiert und doch nicht ohne Zuneigung. Ihr Deutsch hat den Charme Chopin'scher Klänge, bei denen man oft auch nicht weiß, ob sie ernst oder heiter gemeint sind. Ein Gespräch mit Frau Maria über ihre Kuchen ist dagegen gewiss eine ernsthafte Sache, zumal die Erklärung einer »Dacquoise-Torte« alle Sinne herausfordert, sind darin doch Mascarpone enthalten sowie Schlagsahne, Dulce de Leche (also Milchkonfitüre), Walnusskerne und getrocknete Datteln sowie eine Priese Kakao zur Dekoration. Bei diesem Genuss vergehen einem Hören und Sehen.

Diese und andere Kreationen – natürlich die traditionelle polnische Mohntorte – werden regelmäßig aus Stettin nach Berlin gebracht, wo sie allemal Charlottenburg fest im Griff

haben. Dort gehört es sich nämlich in den einschlägigen Kreisen, bei einem Essen zum Nachtisch Marias süße Angebote zu kredenzen. 2014 wurde das Café von der Zeitschrift »Feinschmecker« unter die »besten Cafés Deutschlands« gewählt. Aber dergleichen hat dieses Kaffeehäuschen wirklich nicht nötig. Berliner kennen ihre Plätze, die Touristen offenbar auch; und Israelis verbinden nun einmal mit dem »Kredenz«-Café eine besondere Geschichte aus Freud und Leid, die sogar für den Oscar kandidieren durfte.

TYPUS: kleines Café und Tortenladen
LOCATION: ein Raum mit Dielen und Stuck, Tische auch auf dem Gehsteig der Kantstraße
EINRICHTUNG: old-fashioned, fünf aufgearbeitete Holztische mit Omas nett bezogenen Esszimmerstühlen
SERVICE: durch die Buffetkraft, sehr aufmerksam
KUCHENAUSWAHL: 9 Torten und diverse Kuchen
PRÄSENTATION DER TORTEN: gläserne Kühlvitrine, auf drei Ebenen
TOILETTEN: recht provisorisch, aber geräumig
BARRIEREFREIHEIT: Zugang zum Gastraum barrierefrei, Toilettenzugang verwinkelt
KAFFEEKULTUR: Espressomaschine
PREISE: Tasse Kaffee: 2,10 Euro, Tasse Cappuccino: 2,60 Euro, Stück Torte: 3,20–4,10 Euro, Schlagsahne: 1,00 Euro

ZWISCHEN STALIN UND ERFUNDENEN WELTEN

Café Tasso
Frankfurter Allee 11
10247 Berlin (Friedrichshain)

Es müssen nicht immer livrierte Kellner sein, und in Berlin-Friedrichshain, also im Osten der Stadt, würde man die auch in keinem Café erwarten dürfen. Im »Café Tasso« allemal nicht; dort gibt es kaum Distanz zwischen Gastrolle und Personal, wohl aber zwischen Alltag und Traum; denn dieses Literaturcafé lockt neben Bildervernissagen mit seinem Antiquariat, in dem vom alten italienischen Dichter Torquato Tasso bis zu Zeitgenossen wie Peter Handke oder Henning Kreitel alle Literatur zu finden sein dürfte; ja, auch Kinderbücher und Esoterisches.

Fast drängt es den Gast in ferne Literatur und Zeiten zurück: Denn ein Bildband aufgeschlagen und der Blick auf die andere Straßenseite mit ihrer Stalin-Architektur erinnern daran, dass hier auf den riesigen Baustellen der Frankfurter Allee der Aufstand vom Juni 1953 gegen die SED-Diktatur begann, weswegen man mit dieser bitteren Erinnerung gerne jenem Zuckerbäckerstil im getürkten Sozialismus entfliehen würde. Auch die Kargheit des Cafés selber − wenn nicht bunte Gemälde davon ablenken − verlockt dazu, sich beim Kaffee aus dem Hochland Perus und

einem Buch aus dem Hier und Jetzt in andere Welten zu verabschieden. Bitte etwas Zimt auf den Milchschaum!

Zu dieser Weltenreise laden auch die gemütlichen roten Sofas ein, in die man sich fallen lassen kann; die Stehlampen, die wie bei Oma im Wohnzimmer nur ausleuchten, was man unbedingt lesen muss. Der Rest verschwindet gnadenvoll. Das Gebäck dazu ist zwar nicht des Gourmets erste Wahl. Wohl aber werden Apfel- oder Käsekuchen nach Omas Bio-Rezepten so gebacken, dass sie so schlicht wie frisch zum Verzehr einladen. Dazu gibt es im »Tasso« die Besonderheit, dass auch Behinderte hier einen Arbeitsplatz erhalten, auf dem sie sich geschätzt fühlen und ohne Ängste Teil des Ganzen sein können, in guter Harmonie.

Gerade erholt sich hier die Mutter mit ihrem Kind, das sich mit dem Kinderbuch vom Igel Mecki und dem Zwetschgenkuchen bändigen lässt; der junge Mann mit den langen Haaren, der in sein Buch so vertieft ist, als sei er Teil der Buchhandlung; und schließlich sitzt da diese ältere Dame, die immer wieder auf ihre Uhr guckt und murrt. Sie hat sich nach dem Kaffee schon ein Fläschchen Wasser bestellt; und nun erzählt sie, sie wohne seit ihrer Kindheit an dieser Straße. Seither habe sich viel geändert, fährt sie etwas bitter fort –

und heute habe sie ihre beste Freundin sitzen lassen. »Das tut sie sonst nie. Wohl zu alt geworden«, grummelt die Dame noch, nimmt Mantel wie Stock und verlässt das »Café Tasso«. Dafür gibt es eben zwei Wege: Diese Dame schließt die Tür hinter sich und ist auf der Straße, der junge Mann hingegen bleibt im »Tasso«, aber vertieft sich weiter in sein Buch.

TYPUS: Szenecafé, mit sehr gut sortiertem »modernen Antiquariat«, mit Bio-Speisen und Inklusionskonzept

LOCATION: großer Gastraum mit großem Außenbereich auf dem sehr breiten Bürgersteig (Flaniermeile) der ehemaligen Stalinallee mit deutlicher Distanz zum Straßenverkehr, der Außenbereich wird begrenzt durch 24 Displaykästen, in denen die Bücher, streng nach Sachgebieten geordnet, ausgestellt sind; Bibliotheksraum sowohl auf der Ebene des Gastraumes wie auch im Untergeschoss, jedes Buch kostet 2 Euro – eine Fundgrube erster Ordnung

EINRICHTUNG: originell-gemütlicher Gastraum mit bequemem Mobiliar

SERVICE: sehr engagiert, die Gäste bemühen sich ihrerseits, nett zu sein

KUCHENAUSWAHL: begrenzt, für jeden Bedarf etwas, von trocken bis tortenmäßig sahnig

PRÄSENTATION DER TORTEN: in zwei Kühldisplays übereinander

TOILETTEN: geräumig

BARRIEREFREIHEIT: Gastraum, Toilette und Außenbereich barrierefrei

KAFFEEKULTUR: Standard

PREISE: Tasse Kaffee: 1,90 Euro, Tasse Cappuccino: 2,70 Euro, Stück Torte: 1,90–3,30 Euro, Schlagsahne: inklusive

AN SCHOKOLADE BERAUSCHEN

Rausch
Schokoladen-Café

Charlottenstraße 60
10117 Berlin (Mitte)

Ist diese Adresse in der Sammlung unserer beliebtesten Berliner Konditoreien wohlmöglich fehl am Platz und tatsächlich eine Sushi-Bar sonst wo? Zum einen lässt sich so ein Gastraum in zweiter Etage mit dem Interieur aus Jugendstillampen an der Decke und modernem Design von Möbeln und Wänden in Orange, Braun und Weiß überall finden. Zum anderen hat man sich an »Circle-Bars« in japanischen Fischhäusern weltweit gewöhnt. Aber allein der untrügliche Duft von Schokolade und Kaffee korrigiert den ersten Eindruck und gibt die richtige Orientierung. Zudem macht der Blick auf Gendarmenmarkt und Deutschen Dom klar, dass dieser Ort zum Herzen von Berlin gehört. Und nun das Beste: Chocolatiers vom Hause »Rausch« schicken in unendlicher Folge frisch gegossene Pralinen aufs Band und zum Glück keinen Fisch. Nein, Schoko-Kunstwerke, deren Herstellung jeder – durch eine Glaswand – gerade noch verfolgen konnte.

Dem jungen Pärchen, das sich an dieser Bar vergnügt, wäre wohl in seiner Zweisamkeit vieles egal, solange diese süße Kost beider Liebe noch anfeuern kann. Selbst einsamen Genießern wie jener Dame mag es nicht viel anders gehen. Ein Zug von leichter Heiterkeit kann man auf ihrem Gesicht erkennen; noch haftet eine Spur Schokopuder auf ihren Lippen. In diesem Raum wird ohne Scheu genossen und darum aber auch gedämpft geredet und nur leise gelacht. Törtchen und Pralinen entfalten in diesem Schokoladen-Café eine fast

feierliche Stimmung. Auch geht es durchaus steif im Hause »Rausch« zu. Hier darf man sich nicht einfach auf einen leeren Platz setzen. Kellnerinnen in kakaobraunem Habit weisen priesterlich den Weg in den Schoko-Tempel.

Und wer dann sitzt, muss sich entscheiden: Soll es ein Marzipantörtchen sein in hellem und dunklem Biskuit mit Himbeerkonfitüre oder Mangomousse auf Biskuit in weißem Schokoladenmantel?

Fast mühevoll ist der Genuss jenes Törtchens aus weißem Schokoladenmousse mit Himbeerkern auf hellem Biskuit. Da möchte man mit Messer und Gabel zwar ein Stückchen abschneiden und genießen, aber doch nicht den Gesamteindruck dieser hochgebauten Praline zerstören, die entfernt an den Faszinator im Haar einer Brautjungfer erinnert.

Während Robert Rausch, in fünfter Generation Chef des Familienbetriebs, im Erdgeschoss Pralinen anbietet und in der ersten Etage Edelschokoladen aller Arten – aus Peru mit sechzig Prozent Kakao oder aus Trinidad mit achtzig –, bittet er in der zweiten an den Tisch. Und obwohl die Preise der hohen Qualität entsprechen, kommen offenbar alle: Damen aus Dahlem halten hier ihr Kränzchen; Familien mit Kindern, die nach dem langweiligen Einkauf mit einer Schokolade versöhnt werden wollen. Touristen aus fernsten Weltgegenden stellen sich ein, die der Name Rausch anlockte; aber eben auch Studenten aus der nahen Musikhochschule. Und die Bibliothekare des alten Preußen, die endlich bei einem guten Kaffee und Kuchen einen preußischen Platz aus dem Fenster live sehen wollen. Und dann fällt der Blick wieder auf jenes Pärchen an der Circle-Bar, das sich noch eine letzte Praline teilt. Man gönnt sich ja außer Liebe sonst nichts.

TYPUS: Schokoladenhaus (Flagshipstore), in dem man »auch« Kaffee und Tee bekommt, vergleichbar mit dem Stammhaus von Niederegger (Marzipan) in Lübeck

LOCATION: sehr großes Café in der 2. Etage des Schokoladenhauses, repräsentativer Altbau aus der Gründerzeit; besonders beeindruckend: der Blick auf den Gendarmenmarkt mit Konzerthaus und Deutschem Dom

EINRICHTUNG: sehr weitläufiger Gastraum mit dem dezenten Charme einer Werkskantine, mit Grüngewächsen als optische Auflockerung und mit gekachelter Essensausgabe

SERVICE: sehr professionell und beratungsfreundlich

KUCHENAUSWAHL: weder Kuchen noch Torten, zur kalten oder heißen Schokolade, Tee oder Kaffee kann man Törtchen aus der Patisserie bestellen, die in 12 Varianten angeboten werden

PRÄSENTATION DER TÖRTCHEN: sehr gute Präsentation in der Theke mit Beschreibung und Preis

TOILETTEN: perfekt, auf Ebene des Gastraumes, man beachte auf dem Weg zur Toilette die gekonnte Farbauswahl an den Wänden

BARRIEREFREIHEIT: perfekt, mit sehr geräumigem Aufzug

KAFFEEKULTUR: höchste Schokoladenkultur mit großer Sorten- und Darreichungsvielfalt, Kaffee und Tee werden auch angeboten

PREISE: Tasse Kaffee: 3,70 Euro, Tasse Cappuccino: 3,80 Euro, Törtchen: 4,95 Euro

WIEN IN DER
BERLINER BAUSTELLE

Zimt & Zucker
Kaffeehaus

Potsdamer Straße 103
10785 Berlin (Schöneberg)

Lässig muss ein Kaffeehaus heute aussehen. An den Gast dürfen keine Anforderungen in Bezug auf Auftritt oder Verhalten gestellt werden, und so muss sich auch das Interieur zurückhalten. Es darf nicht herausfordernd anspruchsvoll und schick sein, aber schmuddelig soll es natürlich auch nicht wirken. Darum findet sich in vielen Berliner Kaffeehäusern eine fast schon typisch erscheinende halbpolierte Edelsperrmüll-Möbelsammlung, die zwar entfernt an Großmutters Wohnstube erinnert, aber durch ihren Pflegezustand und die Mischung aller Stile aus vergangenen Epochen auch daran, dass Omas (vermeintlich) wohl geordnete Zeiten lang schon vorbei sind. Die ordnungsliebende Oma wäre mithin entsetzt: »Warum ist hier jede Lampe anders?«, hätte sie in »Zimt & Zucker« gefragt. In der Regel herrscht immerhin einheitlich ein Dunkelrot vor. Dabei aber hätte Oma von Pufffarbe gesprochen.

Das Interieur muss offenbar die geheime Sehnsucht der Kaffeekunden an das Zurück erfüllen und doch ganz im Heute sein. Diesen Stil macht »Zimt & Zucker« in der Potsdamer Straße bestens vor, wo bei edlem Stuck an der Decke, der von Könnern teuer bewahrt wurde, und profanem Werkstattboden aus gegossenem Zement eine Möbelwelt vom Biedermeier bis in die sechziger Jahre des vergangenen Jahrhunderts zum Verweilen einlädt. Halb geborgene Jugendstilfresken zeichnen die hohen Wände der Halle aus, die wohl mal ein feines Tuchgeschäft war. Die eine oder andere Wand mit nackten Backsteinziegeln gibt es aber auch; und das hätte sich Oma verboten! Und mit dem Barcode für das Handy statt der Menü-Karte aus Papier — seit Neuestem — wäre sie schon gar nicht fertig geworden.

Hier steht mithin ein Wiener Jugendstil im Vordergrund, der nach Berliner Art grob durch Stein und Beton durchbrochen wird. Die ewige Baustelle Berlin drängt sich auf und verdrängt österreichische Zurückhaltung. Keine Kellner im Tenue. Vielmehr junge Bedienung in Jeans trägt beste Speisen aus der Küche auf; der Barkeeper sucht das Gespräch mit dem Gast, und in der Tortenvitrine stehen einige Kuchen, die hinten in der Backstube für »Zimt & Zucker« gebacken werden: Käse-Kirsch lockt ähnlich wie der Dunkle Schokoladenkuchen oder die Schwarzwälder Kirschtorte. Vorgestern kamen wir zu spät; und der Glasschrank war schon leer.

Bei »Zimt & Zucker« ist Kommunikation gefragt. Da sitzen zwar auch ein paar Einsame am Notebook; manche äugen auch auf den Verkehr der Potsdamer Straße draußen vor der Tür und können sich dabei wie in einem Schaufenster fühlen. Aber es gibt auch die großen runden Tische, an dem sich Unbekannte kennenlernen. Diese Tische laden zu gemeinsamen

Spielen ein, vielleicht zum alten Berliner »Monopoly« für die gesamte Familie oder die WG? Das Personal verteilt freilich lieber Kaiserschmarren oder diverse Waffeln und Crêpes auf dem Tisch ... und vielleicht noch einen Mohnstreusel; sehr köstlich. Baileys-Cappuccino mit Zimt rundet die Atzung ab.

TYPUS: Szenecafé mit internationalem Publikum

LOCATION: großer Gastraum mit riesiger Fensterfront im Stuckaltbau, originelle Ausstattung, Tische auch auf dem Bürgersteig

EINRICHTUNG: Shabby Look, aber gekonnt

SERVICE: gut, Speisekarte per QR-Code, Tendenz biologisch-dynamisch, großes Frühstücksangebot

KUCHENAUSWAHL: begrenzt

PRÄSENTATION DER TORTEN: unspektakulär

TOILETTEN: neu, mit interessanten Dekorationsdetails

BARRIEREFREIHEIT: eine Stufe zum Gastraum, zwei Stufen zu den Toiletten

KAFFEEKULTUR: Standard

PREISE: Tasse Kaffee: 3,10 Euro, Tasse Cappuccino: 3,50 Euro, Stück Torte: ab 2,50 Euro

DEN KAFFEE ATMEN

Berliner Kaffeerösterei

Uhlandstraße 173/174
10719 Berlin (Charlottenburg)

Zwischen Johannisbeere-Mango-Joghurt-Sahnetorte und Schokoladen-Marzipan-Kuchen mag die Entscheidung noch leichtfallen. Ich liebe Marzipan. Der Freund bestellt aus dem reichen Angebot die »Dulcey de Leche«, eine Milchcreme mit weißer Kuvertüre karamellisierten Zuckers auf Biskuit. Die Kuchenauswahl wäre damit getroffen. Aber wie halten wir es mit dem Kaffee? Die »Berliner Kaffeerösterei« – mit Stammhaus in der Uhlandstraße – steht bei ihrer reichen Auswahl dafür, dass man nicht die erstbeste Bohne nehmen sollte. Kellner Kalle mit der roten Brille bittet vielmehr ins Verkaufskontor im Nebenraum, wo einige Dutzend Kaffeesorten je nach Bohne, Herkunft und Röstmischung hinter Glas auf Genießer warten. Durch diese Qual der Wahl müssen wir durch; denn wir wollen keineswegs hasenfüßig auf einen Tee ausweichen.

Der »Mailänder Espresso« gilt als traditionell. Dieser Kaffee hat bei den Berliner Röstern 75 Prozent Arabica- und 25 Prozent Robusta-Bohnen und wird als norditalienisch sanft bezeichnet; anders als der »neapolitanische Espresso«, der mit 60 zu 40 Prozent – also mit mehr Robusta – süditalienische Herbe hervorhebe. Würden wir uns einfach bedienen lassen, gäbe es nach Art des Hauses »Fancy Supremo«. Da ist nur die Arabica-Bohne drin. Beim Cappuccino mag das fast egal sein, stiehlt die aufgeschäumte Milch dem Kaffee doch eh schon etwas von seinem Geschmack. Andererseits: »Sie sollten auch an die *schiuma*, den Schaum denken«, macht Kalle es noch komplizierter. »Die Robusta-Bohne bringt mehr davon.« Nach gründlicher Erwägung geben wir uns neapolitanisch – und sind erleichtert. Ich sehe den Golf von Neapel vor meinen Augen.

Ein paar Jahre ist es her, dass ich im norditalienischen Triest beim großen Kaffeeröster Andrea Illy versuchte, das edle Handwerk des Baristas zu lernen. Andrea schickte mich dazu zu einem »Professor« in seine »Kaffee-Akademie«. Eine bestimmte Menge von Kaffeepulver, die man aber nur mit dem Auge abschätzen kann, muss ins Trägersieb. Mit festem Druck von etwa zwanzig Kilogramm hat das Pulver gepresst zu werden. »Und wenn auch der Rest von der Maschine erledigt wird, gib deinen Kunden nur Kaffee aus heiß gelaufener Maschine«, sagte der Professor Barista. »Also gieß die ersten drei Tassen am Morgen weg. Heiß muss das Wasser sein – nicht kochend.« Der Barista-Gelehrte war am Abend mit meiner Leistung zufrieden. Aber meine Freundschaft mit Illy konnte kaum mehr gekittet werden: Denn als ich ihm einen zwar leidlich guten Kaffee zubereitet hatte, bot ich ihm dazu Zucker an, den offenbar der Teufel selber in Papiertütchen dort deponiert hatte. Fast wütend meinte Andrea: »Du kannst doch meinen guten Kaffee nicht mit Zucker verpanschen!« Ich entschuldigte mich und versuche seither, geschmacksfest und zuckerlos beim Kaffee zu bleiben.

Kellner Kalle in Berlins Kaffeerösterei sieht das offenbar ähnlich wie Andrea Illy, gibt sich aber gelassen und bringt auf einem Schälchen zum Kaffee je einen Würfel weißen und

braunen Zuckers und sagt nach unserer Anekdote: »Hier soll
der Mensch trinken, was er möchte. Von mir bekommt er in
jedem Falle noch das traditionelle Glas Wasser dazu.« Ob
er damit sagen will, verzuckerten Kaffee könne man nur so
runterspülen? Kalle schweigt vieldeutig. Dabei scheint er den
Kaffeeduft in diesem Hause in die Nase hineinzuziehen, so
als könne man guten Kaffee nicht nur trinken, sondern auch
einatmen.

TYPUS: Confiserie, Patisserie, Café mit eigener Her-
stellung von Torten, Schokoladen und Pralinen
LOCATION: bestes Charlottenburg, off Ku'damm, eine
Zeile Tische auf dem Bürgersteig vor dem Café
EINRICHTUNG: großer Gastraum, gediegen, große
Spiegel und Kunst an den Wänden, Parkettfußbo-
den, separat und ruhig: die sogenannte Bibliothek
SERVICE: sehr freundlich und professionell
KUCHENAUSWAHL: groß
PRÄSENTATION DER TORTEN: in der Kuchen-
theke zusammen mit exotischen Köstlichkeiten
TOILETTEN: sehr ordentlich, Behindertentoi-
lette vorhanden
BARRIEREFREIHEIT: zwischen Laden und
Gastraum sind zwei Stufen zu überwinden,
barrierefreier Zugang über den Innenhof
nach Rücksprache, Behindertentoilette gut
erreichbar
KAFFEEKULTUR: High End, eigene Rös-
tung
PREISE: Tasse Kaffee: 3,30 Euro, Tasse
Cappuccino: 3,90 Euro, Stück Torte:
5,00–7,00 Euro

JÖRG BREMER, geb. 1952, Historiker und Jurist, von 1978 an Redakteur der FAZ, lebt und arbeitet in Berlin und Rom.

»Wenn ich den Kaffee rieche und das Stück Torte sehe und beides dann im Mund verschmilzt, steht für einen Moment lang die Zeit still; dann bin ich Kind und alter Mann zugleich und froh, dass ich genießen darf.«

HENNING KREITEL, geb. 1982, studierter Fotograf, lebt und arbeitet in Berlin.

»Wenn ich Kuchen sehe, ist es um mich geschehen. Doch widerstehe ich dabei dem Drang, immer das Gleiche zu nehmen — viel lieber entdecke ich nach Herzenslust neue Kuchengeschmäcker.«

ARTHUR-IREN MARTINI, geb. 1949, Volljurist.

»Wenn ich Kuchen sehe, läuft mir das Wasser im Munde zusammen. Ich muss dann ganz vernünftig sein und nur ein Stück bestellen, denn ich habe die bahnbrechende Erfahrung gemacht, dass die Augen regelmäßig größer sind als der Magen.«

Bibliografische Information der Deutschen Nationalbibliothek
Die Deutsche Nationalbibliothek registriert diese Publikation in der
Deutschen Nationalbibliografie; detaillierte bibliografische Daten im
Internet unter https://d-nb.de.

1. Auflage
© 2021 mdv Mitteldeutscher Verlag GmbH, Halle (Saale)
www.mitteldeutscherverlag.de

Gesamtherstellung: Mitteldeutscher Verlag, Halle (Saale)
Fotografien: © Henning Kreitel

ISBN 978-3-96311-390-1

Printed in the EU